Herausgeber:	Polyglott-Redaktion
Bearbeitung:	Elisabeth Graf-Riemann
Deutsches Grundmanuskript:	Elisabeth Graf-Riemann
Lektorat:	Sabine von Loeffelholz
Art Direction:	Illustration & Graphik Forster GmbH, Hamburg
Titeldesign-Konzept:	V. Barl

Ergänzende Anregungen, für die wir jederzeit dankbar sind,
bitten wir zu richten an:
Polyglott-Verlag, Redaktion, Postfach 40 11 20, D-80711 München.

Alle Angaben wurden sorgfältig geprüft. Dennoch kann eine Gewähr
für Vollständigkeit und Richtigkeit nicht übernommen werden.

Erste Auflage 1996

© 1996 by Polyglott-Verlag Dr. Bolte KG, München
Printed in Germany
Gedruckt auf chlorfrei gebleichtem Papier
ISBN 3-493-61154-4

Polyglott-Sprachführer

Spanisch

Polyglott-Verlag München

Inhalt

Einführung

Über das Buch

Polyglott-Sprachführer sind perfekte Begleiter neben dem Reiseführer, denn sie orientieren sich an realistischen, alltäglichen Situationen von Reisenden, die der fremden Sprache nicht kundig sind.

Die Sätze und Redewendungen, die Ihnen eine rasche und unproblematische Verständigung in Ihrem Reiseland ermöglichen, sind bewußt einfach gehalten. Sie finden keine komplizierten Satzkonstruktionen oder zu lange Wortlisten. Fast alle Sätze sind aus einfachen Textbausteinen zusammengestellt, die Ihnen ein leichtes und schnelles Auswechseln von Satzteilen in verschiedenen Gesprächssituationen ermöglichen.

Die Wortlisten am Ende jedes Hauptkapitels sind themenbezogen und helfen Ihnen, Sätze je nach Bedarf weiter zu variieren. So werden Sie sich mit einem minimalen Wortschatz ohne langes Suchen schnell in der fremden Sprache zurechtfinden. Damit Sie auch verstehen, was andere Ihnen in alltäglichen Kontaktsituationen (beim Arzt, an der Grenze etc.) mitteilen, haben wir häufig wiederkehrende fremdsprachige Redewendungen oder Fragen mit einem * gekennzeichnet.

Eine vereinfachte, am Deutschen orientierte Lautschrift ermöglicht Ihnen die korrekte und verständliche Aussprache der Sprache Ihres Gastlandes. Nachfolgend finden Sie eine kurze Erläuterung dazu, ebenso eine kurze Grammatikübersicht.

Daran anschließend sind in neun Hauptkapiteln Satzbeispiele aus allgemeinen und reisetypischen Bereichen zusammengestellt. Nicht nur im Kapitel *Praktische Hinweise*, sondern über alle Seiten des Sprachführers verteilt finden Sie außerdem Tips und Informationen zu den sprachlichen und kulturellen Besonderheiten Ihres Reiselandes.

Ein ausführliches zweisprachiges Wörterbuch Deutsch–Spanisch, das Sie als Reisewörterbuch und zugleich als Register benutzen können, steht am Ende des Bandes. Die angegebenen Seitenzahlen führen Sie direkt in den entsprechenden Textteil. Das Wörterbuch Spanisch–Deutsch enthält die wichtigsten Wörter und Abkürzungen, denen Sie in Aufschriften, auf Schildern und Hinweistafeln begegnen.

Wir wünschen Ihnen viel Vergnügen auf Ihrer Reise: ¡Buen viaje! [buen **bja**che] *(Gute Reise!)*

Aussprache

Um Ihnen eine möglichst korrekte und damit auch verständliche Aussprache des Spanischen zu ermöglichen, haben wir uns für eine sehr vereinfachte Lautschrift entschieden, die fast ohne Sonderzeichen auskommt. Die Betonung der Wörter können Sie sofort am Fettdruck der entsprechenden Silbe erkennen: momento [mo**men**to] *(Moment)*, mesa [**me**ßa] *(Tisch)*.

Im Spanischen gibt es eigentlich nur einen Laut, den man im Deutschen nicht, dafür aber vom Englischen her kennt. Es ist der stimmlose Lispellaut **th,** wie er z.B. im englischen Wort thank you (ein gelispeltes ß) vorkommt. Im Spanischen ist dieser Laut ein geschriebenes z (vor a, o oder u) oder c, wenn e oder i nachfolgen: gracias [**gra**θias] *(danke)* oder zapato [θa**pa**to] *(Schuh)*. Das lateinamerikanische Spanisch, auf das in diesem Band jedoch nicht näher eingegangen wird, kennt diesen Laut nicht, er wird durch ein einfaches s ersetzt (gesprochenes s kann also geschrieben ein einfaches s c oder z sein). Alle übrigen Laute wer-den analog zum Deutschen ausgespro-chen.

Hier noch einige Besonderheiten der spanischen Aussprache:

- **b** und **v** werden im Spanischen gleich ausgesprochen, und zwar wie das deutsche b am Wortanfang und wie das deutsche w in der Wortmit-te: bueno [**bue**no] *(gut),* vale [**ba**le] *(in Ordnung);* avión [aw**jon**] *(Flug-zeug),* abierto [a**wjer**to] *(geöffnet).*
- **c** wird vor a, o, u als k gespro-chen: cama [**ka**ma] *(Bett),* vor e, i als englisches th: cinco [**θin**ko] *(fünf).*
- **ch** wird immer wie tsch gespro-chen: muchacho [mu**tscha**tscho] *(Junge).*
- ein **d** am Ende eines Wortes wird praktisch nicht gesprochen: Madrid [ma**dri**] *(Madrid).*
- der Umlaut **eu** wird getrennt ge-sprochen: Europa [äu**ro**pa] *(Europa).*
- **g** wird vor a, o, u wie das deutsche g gesprochen: gol [**gol**] *(Tor),* vor e, i wie deutsches ch: gente [**chen**te] *(Leute).*
- das **h** ist immer stumm: hotel [o**tel**] *(Hotel).*
- **j** wird wie ein deutsches ch in dem Wort ach gesprochen: jarra [**cha**rra] *(Krug).*
- **ll** ist im Spanischen ein eigener Buchstabe und kann auch am Wort-anfang stehen. Es wird wie ein deutsches lj gesprochen: llegar [lje**gar**] *(ankommen),* gallo [**gal**jo] *(Hahn).*
- **ñ** ist ebenfalls ein eigener Buchstabe und wird wie nj gesprochen: España [es**pan**ja] *(Spanien).*
- **qu** wird wie k gesprochen: queso [**ke**ßo] *(Käse).*
- das **r** ist ein meist stark gerolltes Zungen-r: roto [**ro**to] *(kaputt).*
- das **s** klingt meistens wie ein deutsches ß oder ss: casa [**ka**ßa] *(Haus).*
- **z** wird immer wie das englische stimmlose th gesprochen: zumo [**θu**mo] *(Saft).*

- **θ** ist das englische stimmlose th (gelispeltes ß).
- Der **Haltebogen** in der Lautschrift zeigt an, welche Wörter gebunden gesprochen werden: por aquí [por‿a**ki**] *(hier in der Nähe).*

Akzent

Der Akzent verändert im Spanischen nicht die Aussprache eines Vokals, sondern zeigt nur eine von der Regel abweichende Betonung an. Der Vokal mit Akzent ist immer betont: música [**mu**ßika] *(Musik).*

Betonung

In der Regel werden Wörter, die auf Vokal, n oder s enden, auf der vorletz-ten Silbe betont: banco [**ban**ko] *(Bank),* todos [**to**dos] *(alle).*

Wörter, die auf Konsonanten (außer n und s) enden, werden auf der letzten Silbe betont: profesor [profe**ßor**] *(Leh-rer),* Madrid [ma**dri**] *(Madrid).*

Satzzeichen

Eine Besonderheit des Spanischen sind die umgekehrten Frage- und Ausrufe-zeichen, die jeweils eine Frage oder ei-nen Ausruf einleiten: ¿Dónde? [**don**de] *(Wo?);* ¡Olé! [o**le**] *(Bravo!)*

Das spanische Alphabet

A a	[a]	N n	[ene]
B b	[be]	Ñ ñ	[**en**je]
C c	[θe]	O o	[o]
Ch ch	[tsche]	P p	[pe]
D d	[de]	Q q	[ku]
E e	[e]	R r	[ere]
F f	[efe]	S s	[eße]
G g	[che]	T t	[te]
H h	[atsche]	U u	[u]
I i	[i]	V v	[uwe]
J j	[**cho**ta]	W w	[uwe **dow**le]
K k	[ka]	X x	[ekis]
L l	[ele]	Y y	[i **grje**ga]
Ll ll	[elje]	Z z	[**θe**ta]
M m	[eme]		

Kurzgrammatik

Artikel

Im Spanischen gibt es nur männliche *(m)* und weibliche *(f)* Hauptwörter, kein Neutrum.

Bestimmter Artikel

Einzahl männlich:
el coche [el **ko**tsche] *(das Auto)*

Mehrzahl männlich:
los coches [los **ko**tsches] *(die Autos)*

Einzahl weiblich:
la cama [la **ka**ma] *(das Bett)*

Mehrzahl weiblich:
las camas [las **ka**mas] *(die Betten)*

Unbestimmter Artikel

Einzahl männlich:
un coche [un **ko**tsche] *(ein Auto)*

Mehrzahl männlich:
unos coches [**u**nos **ko**tsches] *(einige Autos)*

Einzahl weiblich:
una cama [**u**na **ka**ma] *(ein Bett)*

Mehrzahl weiblich:
unas camas [**u**nas **ka**mas] *(einige Betten)*

Unos/Unas heißt einige. Betten heißt camas und steht wie im Deutschen ohne Artikel.

Substantive

Das Geschlecht der Substantive im Spanischen ist in den allermeisten Fällen an der Endung ablesbar: männliche Substantive enden zumeist auf -o: el metro [el **me**tro] *(die U-Bahn)*, weibliche auf -a: la mañana [la man**ja**na] *(der Morgen)*.

Von dieser Regel gibt es ein paar **Ausnahmen**, z. B.: el día [el **dia**] *(der Tag)*; la radio [la **ra**dio] *(das Radio)*.

Substantive mit der Endung auf -e können männlich oder weiblich sein: el hombre [el ‿**om**bre] *(der Mensch, der Mann)*; la noche [la **no**tsche] *(die Nacht/der Abend)*.

Substantive, die auf -or enden, sind männlich: el profesor [el profe**ßor**] *(der Lehrer)*.

Hauptwörter, die auf -**ción** oder -ad enden, sind weiblich: la reducción [la reduk**θjon**] *(die Ermäßigung)*; la mitad [la mi**ta**] *(die Hälfte)*.

Das Anhängen eines -a oder der Ersatz eines -o durch ein -a in der Endung ergibt oft die weibliche Form eines Hauptwortes: el amigo [el a**mi**go]/ la amiga [la‿a**mi**ga] *(der Freund/die Freundin)*.

Mehrzahlbildung

Substantive, die auf Vokale enden, bilden den Plural durch Anhängen von -s: el año [el **an**jo]/los años [los **an**jos] *(das Jahr/die Jahre)*; la calle [la **kal**je]/ las calles [las **kal**jes] *(die Straße/die Straßen)*.

Hauptwörter, die auf Konsonanten enden, hängen im Plural -es an: el doctor [el dok**tor**] – los doctores [los dok**to**res] *(der Arzt/die Ärzte)*; la pensión [la pen**sjon**] – las pensiones [las pen**sjo**nes] *(die Pension/die Pensionen)*.

Adjektive

Die meisten Adjektive im Spanischen enden wie die Hauptwörter auf -o und bilden eine weibliche Form dazu auf -a (Plural: -os/-as), z. B. bueno/buena [**bue**no/**bue**na] *(gut)*, caro/cara [**ka**ro/ **ka**ra] *(teuer)*.

Das Adjektiv wird in Geschlecht und Zahl immer an das Hauptwort angeglichen, auch wenn es nicht unmittelbar beim Hauptwort steht: una comida buena [una ko**mi**da **bue**na] *(ein gutes Essen);* La comida es buena. [la ko**mi**da es **bue**na] *(Das Essen ist gut.)*

Adjektive, die nicht auf -o enden, sondern auf **-e, -l, -z** etc., bilden meist auch keine eigene weibliche Form: grande [**gran**de] *(groß);* azul [a**θul**] *(blau);* feliz [fe**liθ**] *(glücklich).*

Adjektive, die eine Nationalität bezeichnen, bilden immer eine weibliche Form: alemán [ale**man**] – alemana [ale**ma**na] *(deutsch – deutsche);* español [espa**njol**] – española [espa**njo**la] *(spanisch – spanische).*

Stellung des Adjektivs

Normalerweise steht das Eigenschaftswort nach dem Hauptwort: la casa grande [la **ka**ßa **gran**de] *(das große Haus).*

Bei Zahlwörtern (viel, wenig) oder bei besonderer Hervorhebung kann es auch vor dem Hauptwort stehen: muchos coches [**mu**tschos **ko**tsches] *(viele Autos).*

Steigerung des Adjektivs

Adjektive werden durch Voranstellen von más (mehr) gesteigert: caro [**ka**ro] *(teuer)* – más caro [mas **ka**ro] *(teurer).* Im Superlativ kommt der bestimmte Artikel dazu: el más caro [el mas **ka**ro] *(der teuerste).* Vergleiche werden mit que gebildet: más caro que [mas **ka**ro ke] *(teurer als).*

Unregelmäßig werden gesteigert: bueno [**bue**no] *(gut),* mejor [me**chor**] *(besser);* malo [**ma**lo] *(schlecht),* peor [pe**or**] *(schlechter);* grande [**gran**de] *(groß),* mayor [ma**jor**] *(größer);* pequeño [pe**ke**njo] *(klein),* menor [me**nor**] *(kleiner).*

Adverbien

Das Adverb wird aus der weiblichen Form des Adjektivs durch Anhängen von **-mente** gebildet: claro [**kla**ro] – claramente [klara**men**te] *(klar).*

Unregelmäßige Adverben sind: bien [bjen] *(gut)* und mal [mal] *(schlecht):* Está bien. [es**ta** bjen] *(Es ist gut/in Ordnung.);* Estoy mal. [es**toi** mal] *(Mir geht's schlecht.)*

Pronomen

Subjektpronomen

yo [jo] ich
tú [tu] du
él [el] er; ella [elja] sie; usted [uste] Sie *(Sing)*
nosotros/nosotras [noßotros/noßotras] wir
vosotros/vosotras [boßotros/boßotras] ihr
ellos [eljos] sie *(m)*; ellas [eljas] sie *(f)*; ustedes [ustedes] Sie *(Pl)*

Objektpronomen (Dativ/Akkusativ)

me [me] *(mir, mich)*
te [te] *(dir, dich)*
le [le] *(ihm, ihr, Ihnen = Dativ)*
lo/la [lo/la] *(ihn, sie, Sie = Akkusativ)*
nos [nos] *(uns)*
os [os] *(euch)*
les [les] *(ihnen, Ihnen = Dativ)*
los/las [los/las] *(sie, Sie = Akkusativ)*

Possessivpronomen

mi [mi] *(mein/meine)*
tu [tu] *(dein/deine)*
su [su] *(sein/seine, ihr/ihre, Ihr/Ihre)*
nuestro/nuestra [nuestro/nuestra] *(unser/unsere)*
vuestro/vuestra [buestro/buestra] *(euer/eure)*
su [su] *(ihr/Ihr, ihre/Ihre)*

Der Plural wird in allen Formen durch Anhängen eines -s gebildet: mis cheques [mis tschekes] *(meine Schecks)*.

Demonstrativpronomen

Einzahl: este [este] *(dieser)* – esta [esta] diese; este garaje [este garache] *(diese Garage)*

Mehrzahl: estos/estas [estos/estas] *(diese)*

Einzahl:
ese [eße] *(der da)* – esa [eßa] *(die da)*

Mehrzahl:
esos/esas [eßos/eßas] *(die da)*

Einzahl: aquel [akel] *(jener)* – aquella [akelja] *(jene)*

Mehrzahl: aquellos/aquellas [akeljos/akeljas] *(jene)*

Dazu gibt es Formen, die ohne Hauptwort stehen können: esto [esto] *(dies hier)* – eso [eßo] *(das da)* – aquello [akeljo] *(jenes)*; ¿Qué es esto? [ke‿es esto] *(Was ist das?)*

Präpositionen

en [en] *(in, an, auf)*
a [a] *(nach, zu)*
de [de] *(von)*
para [para] *(für)*
por [por] *(für, pro)*
con [kon] *(mit)*
sin [sin] *(ohne)*
entre [entre] *(zwischen)*

Die Präpositionen a und de verschmelzen mit dem männlichen Artikel el zu al bzw. del: Vamos al restaurante. [bamos al restarante] *(Wir gehen ins Restaurant.)*; Vengo del hotel. [bengo del‿otel] *(Ich komme vom Hotel.)*

Folgt nach der Präposition ein persönliches Fürwort so steht anstelle von me und te mí bzw. ti: para mí [para mi] *(für mich)*; de ti *(von dir)*.

Die Präposition con bildet die Sonderformen conmigo [konmigo] *(mit mir)* und contigo [kontigo] *(mit dir)*.

Verben

Im Spanischen gibt es drei Gruppen von regelmäßigen Verben. Sie enden auf -ar, -er oder -ir. In der Regel werden die Pronomen weggelassen, da die Person aus der Endung des Verbs hervorgeht.

Präsens

hablar [awlar] *(sprechen)*:
hablo [awlo] *(ich spreche)*
hablas [awlas] *(du sprichst)*
habla [awla] *(er/sie spricht, Sie [Sing] sprechen)*

hablamos [**awl**amos] *(wir sprechen)*
habláis [**awl**ais] *(ihr sprecht)*
hablan [**awl**an] *(sie/Sie [Pl] sprechen)*

comer [ko**mer**] *(essen):*
como [**ko**mo] *(ich esse)*
comes [**ko**mes] *(du ißt)*
come [**ko**me] *(er/sie ißt, Sie essen)*
comemos [ko**me**mos] *(wir essen)*
coméis [ko**mäis**] *(ihr eßt)*
comen [**ko**men] *(sie/Sie essen)*

abrir [a**wrir**] *(öffnen):*
abro [**a**wro] *(ich öffne)*
abres [**a**wres] *(du öffnest)*
abre [**a**wre] *(er/sie öffnet, Sie öffnen)*
abrimos [a**wri**mos] *(wir öffnen)*
abrís [a**wris**] *(ihr öffnet)*
abren [**a**wren] *(sie/Sie öffnen)*

Die wichtigsten unregelmäßigen Verben:

tener [te**ner**] *(haben):*
tengo [**ten**go] *(ich habe)*
tienes [**tje**nes] *(du hast)*
tiene [**tje**ne] *(er/sie hat, Sie haben)*
tenemos [te**ne**mos] *(wir haben)*
tenéis [te**näis**] *(ihr habt)*
tienen [**tje**nen] *(sie/Sie haben)*

poder [po**der**] *(können):*
puedo [**pue**do] *(ich kann)*
puedes [**pue**des] *(du kannst)*
puede [**pue**de] *(er/sie kann, Sie können)*
podemos [po**de**mos] *(wir können)*
podéis [po**däis**] *(ihr könnt)*
pueden [**pue**den] *(sie/Sie können)*

ir [ir] *(gehen):*
voy [boi] *(ich gehe)*
vas [bas] *(du gehst)*
va [ba] *(er/sie geht, Sie gehen)*
vamos [**ba**mos] *(wir gehen)*
vais [bais] *(ihr geht)*
van [ban] *(sie/Sie gehen)*

querer [ke**rer**] *(wollen/mögen):*
quiero [**kje**ro] *(ich will)*
quieres [**kje**res] *(du willst)*
quiere [**kje**re] *(er/sie will, Sie wollen)*
queremas [ke**re**mas] *(wir wollen)*
queréis [ke**räis**] *(ihr wollt)*
quieren [**kje**ren] *(sie/Sie wollen)*

estar [es**tar**] *(sein/sich befinden):*
estoy [es**toi**] *(ich bin)*
estás [es**tas**] *(du bist)*
está [es**ta**] *(er/sie ist, Sie sind)*
estamos [es**ta**mos] *(wir sind)*
estáis [es**tais**] *(ihr seid)*
están [es**tan**] *(sie/Sie sind)*

ser [ser] *(sein)* bezeichnet wesentliche Eigenschaften einer Sache oder Person, kann auch vor Hauptwörtern stehen:

soy [soi] *(ich bin)*
eres [**e**res] *(du bist)*
es [es] *(er/sie ist, Sie sind)*
somos [**so**mos] *(wir sind)*
sois [sois] *(ihr seid)*
son [son] *(sie/Sie sind)*

Perfekt

Das Perfekt wird im Spanischen immer mit dem Hilfsverb haber und dem Partizip des Verbs gebildet. Zur Bildung des regelmäßigen Partizips wird die Verbendung -ar durch -**ado** ersetzt, die Endungen -er und -ir durch -**ido:**

he [e] *(ich habe)*
has [as] *(du hast)*
ha [a] *(er/sie hat/Sie haben)*
hemos [**e**mos] *(wir haben)*
habéis [a**wäis**] *(ihr habt)*
han [an] *(sie/Sie haben)*

hablado [a**wla**do] *(gesprochen)*
comido [ko**mi**do] *(gegessen)*
salido [sa**li**do] *(ausgegangen)*

Verneinung

Das spanische **no** heißt sowohl nein als nicht. Die Verneinung steht immer vor dem Verb:

No hablo español. [no‿**awlo**‿espa**njol**] *(Ich spreche nicht Spanisch.)*

Todavía no hemos comido. [toda**wia** no‿**emos** ko**mido**] *(Wir haben noch nicht gegessen.)*

Nada [**na**da] *(nichts)* verlangt im Spanischen eine doppelte Verneinung: No compro nada. [no **kom**pro **na**da] *(Ich kaufe nichts.)*

Granada, Jerez de la Frontera und Sevilla sind Hochburgen des Flamenco, zu dessen Festivals sich die Frauen farbenprächtig herausputzen

Allgemeines

Begrüßung und Verabschiedung

Guten Morgen!/Guten Tag!	¡Buenos días! [**bue**nos **dí**as]
Guten Abend!	¡Buenas tardes! [**bue**nas **tar**des]
Gute Nacht!	¡Buenas noches! [**bue**nas **no**tsches]
Hallo!	¡Hola! [**o**la]
Wie geht's?	¿Qué tal? [ke tal]
Wie geht es Ihnen/Dir?	¿Cómo está/estás? [**ko**mo‿es**ta**/es**tas**]
Danke, gut.	Muy bien, gracias. [mui bjen **gra**θias]
Und Ihnen/Dir?	¿Y usted/tú? [i us**te**/tu]
Auf Wiedersehen!/Tschüß!	¡Adiós! [a**djos**]
Bis dann.	¡Hasta luego! [**as**ta **lue**go]
Bis morgen.	¡Hasta mañana! [**as**ta man**ja**na]
Grüße an die Familie!	¡Saludos a la familia! [sa**lu**dos a la fa**mi**lia]
Vielen Dank für alles.	Muchas gracias por todo. [**mu**chas **gra**θias por **to**do]
Es hat uns sehr gefallen.	Nos ha gustado mucho. [nos a gus**ta**do **mu**tscho]
* ¡Buen viaje! [buen **bja**che]	Gute Reise!

Anrede und Vorstellung

Herr/Frau/Fräulein	Señor/Señora/Señorita [se**njor**/se**njo**ra/senjo**ri**ta]
Wie heißen Sie/heißt Du?	¿Cómo se llama/te llamas? [**ko**mo se **lja**ma/te **lja**mas]
Ich heiße ...	Me llamo ... [me **lja**mo]
Das ist mein Mann/Freund.	Éste es mi marido/amigo. [**es**te‿es mi ma**ri**do/a**mi**go]

Das ist meine Frau/Freundin.

Ésta es mi esposa/amiga.
[esta_es mi espoßa/amiga]

Das sind meine Kinder.

Éstos son mis hijos. [estos son mis ichos]

Angenehm./Sehr erfreut.

Encantado *(m)*/encantada *(f)*.
[enkantado/enkantada]

Gleichfalls.

Igualmente. [igualmente]

Woher kommst Du/kommen Sie?

¿De dónde eres/es? [de donde_eres/es]

Ich bin/Wir sind
    aus Deutschland
    aus Österreich
    aus der Schweiz.

Soy/Somos [soi/somos]
    de Alemania [de_alemania]
    de Austria [de_austria]
    de Suiza. [de suiθa]

Verständigung

Sprechen Sie/Sprichst Du Deutsch/Englisch?

¿Habla/Hablas alemán/inglés?
[awla/awlas aleman/ingleß]

Wie heißt Du?
Wie bitte?
Was bedeutet das?

¿Cómo se llama eso? [komo se ljama eßo]
¿Cómo? [komo]
¿Qué significa eso? [ke signifika_eßo]

Haben Sie/Hast Du verstanden?

¿Ha/Has entendido? [a/as entendido]

Ich verstehe nicht.
Langsamer bitte!

No entiendo. [no_entjendo]
Más despacio, por favor.
[mas despaθio por fawor]

Bitte nochmal!

Otro vez, por favor. [otra weθ por fawor]

Können Sie/Kannst Du mir
    das aufschreiben
    das erklären/übersetzen?

¿Me lo puede/puedes [me lo puede/puedes]
    escribir [eskriwir]
    explicar/traducir? [explikar/traduθir]

Höflichkeitsfloskeln

Bitte.
Danke./Vielen Dank.

Por favor. [por fawor]
Gracias./Muchas gracias.
[graθias/mutschas graθias]

Danke, gleichfalls.

Gracias, igualmente. [graθias igualmente]

Richtig gegrüßt

Buenos días heißt sowohl „guten Morgen" als auch „guten Tag". Am Nachmittag ab etwa 14 Uhr und am frühen Abend sagt man *buenas tardes,* zu vorgerückter Stunde dagegen *buenas noches.* Salopper klingt zur Begrüßung ein einfaches *¡Hola!* (Hallo). Zum Abschied genügt *¡Adiós!* (Tschüß!) oder *¡Hasta luego!* (Bis bald!).

Die an den Gruß gerne angeschlossene Frage *¿Qué tal?* oder *¿Cómo está?* (Wie geht's?) gehört zum Begrüßungsritual; niemand erwartet von Ihnen eine wahrheitsgemäße Auskunft darauf. Am besten, Sie antworten mit *bien* (gut) oder *muy bien* (sehr gut), und fragen zurück *¿Y usted?* (Und Ihnen?)

Spanisch ist nicht die einzige Sprache im Land ...

Wundern Sie sich nicht, wenn Ihnen die Sprache in manchen Gegenden Spaniens gar nicht spanisch vorkommt. In und um Barcelona, in der Region Valencia und auf den Balearen wird Katalanisch gesprochen, im Einzugsbereich von Bilbao und San Sebastián hört man Baskisch, und entlang des Pilgerweges nach Santiago de Compostela Galicisch. In den Autonomen Regionen Katalonien, Baskenland und Galicien gelten die eigenen, historisch fest verwurzelten Regionalsprachen als gleichberechtigte Amts- und Verkehrssprache. Spanisch wird freilich landesweit verstanden und gesprochen, wenn auch nicht immer und überall gern, weil es im Selbstverständnis der erwähnten *Comunidades autónomas* gleichgesetzt wird mit der Sprache Kastiliens, der Keimzelle des späteren spanischen Zentralstaates.

Danke für Ihre Hilfe.	Gracias por su ayuda. [gra**θ**ias por su⌣a**ju**da]
Bitte.	De nada. [de **na**da]
Keine Ursache.	No hay de qué. [no⌣ai de ke]
Entschuldigung.	Perdón. [per**don**]
Das macht nichts.	No importa. [no⌣im**por**ta]
Einen Augenblick, bitte!	Un momento, por favor. [un mo**men**to por fa**wor**]
Das ist sehr nett von Ihnen.	Es muy amable. [es mui⌣a**ma**wle]
Das tut mir leid.	Lo siento. [lo **sjen**to]
Das ist schade.	¡Qué pena! [ke **pe**na]
Herzlich willkommen!	¡Bienvenido! [bjenwe**ni**do]
Herzlichen Glückwunsch!	¡Felicidades! [feli**θi**dades]
Alles Gute zum Geburtstag!	¡Feliz cumpleaños! [feli**θ** kumple**an**jos]
Viel Spaß!	¡Qué se divierta! [ke se di**wjer**ta]
Gute Besserung!	¡Qué se mejore! [ke se me**cho**re]
Viel Glück!	¡Mucha suerte! [**mu**tscha **suer**te]
Gute Reise!	¡Buen viaje! [buen **bja**che]
Schöne Ferien!	¡Felices vacaciones! [feli**θ**es waka**θjo**nes]
Frohe Weihnachten!	¡Feliz Navidad! [feli**θ** nawi**da**]
Frohe Ostern!	¡Felices Pascuas! [feli**θ**es **pas**kuas]
Ein frohes Neues Jahr!	¡Próspero Año Nuevo! [**pros**pero⌣anjo **nue**wo]

Sich kennenlernen

Darf ich mich setzen?	¿Puedo sentarme? [**pue**do sen**tar**me]
Gestatten Sie?	¿Me permite? [me per**mi**te]

Sind Sie/Bist Du   **¿Está/Estás** [es**ta**/es**tas**]

   alleine unterwegs   viajando solo *(m)*/sola *(f)*
       [bia**chan**do **so**lo/**so**la]

   mit Freunden unterwegs   viajando con amigos [bia**chan**do kon a**mi**gos]
   verheiratet?   casado *(m)*/casada *(f)*? [ka**ßa**do/ka**ßa**da]

Hast Du einen Freund/   ¿Tienes novio/novia?
eine Freundin?   [**tje**nes **no**wio/**no**wia]

Wie alt bist Du?	¿Cuántos años tienes? [**kwan**tos **a**njos **tje**nes]
Ich bin 25 Jahre alt.	Tengo veinticinco años. [**ten**go wäinti**θin**ko anjos]
Was sind Sie/bist Du von Beruf?	¿Cuál es su/tu profesión? [kwal es su/tu profe**ßjon**]
Ich gehe noch zur Schule.	Voy al colegio. [boi al ko**le**chio]
Ich bin Student(in).	Soy estudiante. [soi‿estu**djan**te]
Ich bin Angestellte/Angestellter.	Soy empleado (m)/empleada (f). [soi‿em**plea**do/em**plea**da]
Möchten Sie etwas trinken?	¿Quiere tomar algo? [**kje**re to**mar al**go]
Ja, gerne.	Sí, con mucho gusto. [si kon **mu**tscho **gus**to]
Gute Idee.	Buena idea. [**bue**na‿i**de**a]
Warum nicht?	¿Por qué no? [por ke no]
Nein, danke.	No, gracias. [no gra**θi**as]
Vielleicht ein andermal.	Tal vez otro día. [tal **weθ o**tro dia]
Vielleicht später.	Tal vez más tarde. [tal **weθ** mas **tar**de]
Gefällt es Ihnen/Dir hier?	¿Le/Te gusta aquí? [le/te **gus**ta‿aki]
Mir gefällt es sehr gut.	Me gusta mucho. [me **gus**ta **mu**tscho]
Sind Sie/Bist Du zum ersten Mal hier?	¿Es la primera vez que está/estás aquí? [es la pri**me**ra weθ ke‿**es**ta/**es**tas aki]
Nein, ich war schon einmal in ...	No, ya he estado en ... [no ja‿e‿es**ta**do‿en]
Kennen Sie/Kennst Du Deutschland?	¿Conoce/Conoces Alemania? [ko**no**θe/ko**no**θes ale**ma**nia]
Besuchen Sie/Besuche mich doch einmal.	Tiene/Tienes que visitarme un día. [**tje**ne/**tje**nes ke wisi**tar**me‿un dia]
Hier ist meine Adresse.	Ésta es mi dirección. [**es**ta‿es mi direk**θjon**]
Wie lange sind Sie/bist Du schon hier?	¿Cuánto tiempo lleva/llevas aquí? [**kwan**to **tjem**po **lje**wa/**lje**was aki]
Seit einer Woche/zwei Tagen.	Una semana./Dos días. [una se**ma**na/dos dias]
Wie lange bleiben Sie/bleibst Du noch hier?	¿Cuánto tiempo se queda/te quedas aquí? [**kwan**to **tjem**po se **ke**da/te **ke**das aki]
Noch eine Woche/zwei Tage.	Una semana/Dos días más. [una se**ma**na/dos dias mas]

Wollen wir heute/morgen zusammen	**¿Hoy/Mañana vamos juntos** [oi/man**ja**na **wa**mos **chun**tos]
essen	a comer [a ko**mer**]
ins Kino/zum Tanzen gehen	al cine/a bailar [al **θi**ne/a **bai**lar]
Sport treiben	a hacer deporte [a‿a**θer** de**por**te]
spielen?	a jugar? [a chu**gar**]

Gehen wir heute/morgen zusammen aus?	¿Vamos a salir juntos hoy/mañana? [**ba**mos a sa**lir chun**tos oi/man**ja**na]
Einverstanden.	Muy bien. [**mu**i bjen]
In Ordnung!	Vale. [**ba**le]
Nein, ich möchte nicht.	No, no tengo ganas. [no no **ten**go **ga**nas]
Ich kann leider nicht.	Lo siento, pero no puedo. [lo **sjen**to **pe**ro no **pue**do]

Wann/Wo treffen wir uns?	¿Cuándo/Dónde nos encontramos? [**kwan**do/**don**de nos enkon**tra**mos]
Um 9 Uhr vor dem Kino.	A las nueve delante del cine. [a las **nue**we de**lan**te del Өine]

Kann ich Sie/Dich
  abholen
  nach Hause bringen

  zum Bus bringen?

¿Puedo [puedo]
  llevarle/llevarte [lje**war**le/lje**war**te]
  acompañarle/-te a casa
  [akompa**njar**le/-te‿a ka**ßa**]
  acompañarle/-te al autobús?
  [akompa**njar**le/-te‿al auto**bus**]

Nein, das ist nicht nötig.	No, no es necesario. [no no‿es neӨe**ßa**rio]
Das war ein wunderschöner Tag/ein wunderschöner Abend.	Ha sido un día maravilloso/una noche maravillosa. [a **si**do un dia marawi**ljo**ßo/**u**na **no**tsche marawi**ljo**ßa]
Wann treffen wir uns wieder?	¿Cuándo vamos a encontrarnos? [**kwan**do **wa**mos a‿enkon**trar**nos]
Das gefällt mir nicht.	Eso no me gusta. [**e**ßo no me **gus**ta]
Dazu habe ich keine Lust.	No tengo ganas. [no **ten**go **ga**nas]
Lassen Sie mich/Laß mich in Ruhe!	¡Déjeme/Déjame en paz! [**de**cheme/**de**chame‿en paӨ]
Bitte gehen Sie/geh!	¡Por favor váyase/vete! [por fa**wor wa**jase/**we**te]
Verschwinden Sie/ Verschwinde!	¡Lárguese!/Lárgate! [**lar**gese/**lar**gate]

Fragen

Was ist das?	¿Qué es esto? [ke‿es **e**sto]
Was kostet das?	¿Cuánto cuesta? [**kwan**to **kues**ta]
Wo ist/gibt es …?	¿Dónde está/hay …? [**don**de‿**e**sta/ai]
Wohin fährt …?	¿Adónde va …? [a**don**de wa]
Wie heißt das?	¿Cómo se llama esto? [**ko**mo se **lja**ma‿**e**sto]
Wie lange dauert das?	¿Cuánto tiempo dura? [**kwan**to **tjem**po **du**ra]
Wann beginnt das Konzert?	¿Cuándo empieza el concierto? [**kwan**do‿em**pje**Өa‿el kon**Өjer**to]
Wieviele Kilometer/Minuten sind es?	¿Cuántos kilómetros/minutos son? [**kwan**tos ki**lo**metros/mi**nu**tos son]

Können Sie
  mir helfen
  mir das zeigen?

¿Puede usted [puede‿**us**te]
  ayudarme [aju**dar**me]
  mostrármelo? [mo**strar**melo]

Kann ich Ihnen helfen?	¿Puedo ayudarle? [**pue**do‿aju**dar**le]

Fragewörter

Was?	¿Qué? [ke]
Wer?	¿Quién? [kjen]
Welche (-r, -s)?	¿Cuál? *(Sing)*/¿Cuáles? *(Pl)* [kwal/**kwa**les]

Wo?	¿Dónde? [**don**de]
Wohin?	¿Adónde? [a**don**de]
Wie?	¿Cómo? [**ko**mo]
Wieviel(e)?	¿Cuánto(s)? [**kwan**to(s)]
Wann?	¿Cuándo? [**kwan**do]
Wie lange?	¿Cuánto tiempo? [**kwan**to **tjem**po]
Warum?	¿Por qué? [por ke]
Wofür?	¿Para qué? [**pa**ra ke]

Uhrzeit

Wie spät ist es (genau), bitte?	¿Por favor, qué hora es (exactamente)? [por fa**wor** ke‿**o**ra‿es (exakta**men**te)]

Es ist	**Es** [es]
1 Uhr	la una [la‿**u**na]
12 Uhr mittags/Mitternacht.	mediodía/medianoche. [medio**di**a/media**no**tsche]

Es ist	**Son** [son]
2 Uhr/3 Uhr	las dos/las tres [las dos/las tres]
Viertel nach 3	las tres y cuarto [las tres i **kwar**to]
Viertel vor 5	las cinco menos cuarto [las **θin**ko **me**nos **kwar**to]
15 Uhr 20	las quince y veinte [las **kin**θe‿i **wäin**te]
halb 4	las tres y media [las tres i **me**dia]
5 Minuten vor 6.	las seis menos cinco. [las säis **me**nos **θin**ko]

Um wieviel Uhr müssen wir hier sein?	¿A qué hora tenemos que estar aquí? [a ke‿**o**ra te**ne**mos ke‿es**tar** aki]
* A eso de las doce. [a‿e**ß**o de las **do**θe].	Ungefähr um 12 Uhr.
* A las trece en punto. [a las **tre**θe‿en **pun**to]	Pünktlich um 13 Uhr.

Wann gibt es Frühstück/ Mittag-/Abendessen?

¿A qué hora es el desayuno/la comida/la cena? [a ke⌣ora es⌣el deßajuno/la komida/la θena]

* De ocho a nueve. [de⌣otscho⌣a nuewe]

Von 8 bis 9 Uhr.

* Entre las siete y las ocho. [entre las sjete⌣i las otscho]

Zwischen 7 und 8 Uhr.

* Dentro de una hora. [dentro de⌣una⌣ora]

In 1 Stunde.

Datum

Den wievielten haben wir heute?

¿A cuántos estamos? [a kwantos estamos]

Heute ist der 1./2./15. August.

Hoy es el uno/dos/quince de agosto. [oi⌣es el uno/dos/kinθe de⌣agosto]

Wir kommen am 20. Mai an.

Llegamos el veinte de mayo. [ljegamos el wäinte de majo]

Wir bleiben bis 31. August.

Nos quedamos hasta el treinta y uno de agosto. [nos kedamos asta⌣el träinta⌣i⌣uno de⌣agosto]

Ich bin geboren/ Ich habe Geburtstag
am 12. Januar (1960).

Nací/Mi cumpleaños es
[naθi/mi kumpleanjos es]
el doce de enero (de mil novecientos sesenta). [el doθe de⌣enero (de mil noveθjentos seßenta)]

Zeitangaben

abends

por la noche [por la notsche]

am Wochenende

el fin de semana [el fin de semana]

bis morgen!

¡hasta mañana! [asta manjana]

früh(morgens)

temprano (por la mañana) [temprano (por la manjana)]

Wochentage

Montag lunes [lunes]
Dienstag martes [martes]
Mittwoch miércoles [mjerkoles]
Donnerstag jueves [chuewes]
Freitag viernes [bjernes]
Samstag sábado [sawado]
Sonntag domingo [domingo]

Monate

Januar enero [enero]
Februar febrero [fewrero]
März marzo [marθo]
April abril [awril]
Mai mayo [majo]

Juni junio [chunjo]
Juli julio [chuljo]
August agosto [agosto]
September septiembre [septjembre]
Oktober octubre [oktuwre]
November noviembre [nowjembre]
Dezember diciembre [diθjembre]

Jahreszeiten

Frühling primavera [primawera]
Sommer verano [berano]
Herbst otoño [otonjo]
Winter invierno [imbjerno]
Hoch-/Nebensaison temporada
alta/baja [temporada⌣alta/bacha]

gestern	ayer [a**jer**]
heute	hoy [oi]
heute abend	hoy por la noche [oi por la **no**tsche]
in 14 Tagen	dentro de quince días [**den**tro de kinθe **di**as]
(dieses/nächstes/ voriges/jedes) Jahr	(este/el próximo/el pasado/cada) año [(**este**/el **pro**ximo/el pa**ß**ado/**ka**da) anjo]
jetzt	ahora [a**o**ra]
manchmal	a veces [a **we**θes]
Minute	minuto [mi**nu**to]
mittags	a mediodía [a medio**di**a]
morgen	mañana [ma**nja**na]
morgens	por la mañana [por la ma**nja**na]
nachmittags	por la tarde [por la **tar**de]
nachts	por la noche [por la **no**tsche]
rechtzeitig	a tiempo [a **tjem**po]
Sekunde	segundo [se**gun**do]
spät/zu spät	tarde/demasiado tarde [**tar**de/demas**ja**do **tar**de]
später	más tarde [mas **tar**de]
Stunde	hora [**o**ra]
täglich	cada día [**ka**da **di**a]
Tag	día [**di**a]
übermorgen	pasado mañana [pa**ß**ado ma**nja**na]
vor (2 Tagen)	hace (dos días) [a**θe** (dos **di**as)]
vorgestern	anteayer [antea**jer**]
vorher	antes [**an**tes]
vormittags	por la mañana [por la ma**nja**na]
Woche	semana [se**ma**na]
zur Zeit	actualmente [aktual**men**te]

Maßeinheiten

cm/m/km	centímetro/metro/kilómetro [θen**ti**metro/**me**tro/ki**lo**metro]
m²/km²/ha	metro cuadrado/kilómetro cuadrado/hectárea [**me**tro kwa**dra**do/ki**lo**metro kwa**dra**do/ek**ta**rea]
m³	metro cúbico [**me**tro **ku**wiko]
km/h	kilómetro por hora [ki**lo**metro por **o**ra]
¹/₄ Liter	un cuarto litro [un **kwar**to **li**tro]
¹/₂ Liter	medio litro [**med**io **li**tro]
Gramm/Pfund/Kilo/Tonne	gramo/medio kilo/kilo/tonelada [**gra**mo/**med**io **ki**lo/**ki**lo/tone**la**da]
Sekunde/Minute/Stunde	segundo/minuto/hora [se**gun**do/mi**nu**to/**o**ra]
Tag/Woche/Monat/Jahr	día/semana/mes/año [**di**a/se**ma**na/me**ß**/**a**njo]
Dutzend	docena [do**θe**na]
Paar	par [par]
Portion	ración [ra**θjon**]

Wetter

Wie schön das Wetter heute ist!	¡Qué buen tiempo hace hoy! [ke buen **tjem**po‿a**θ**e‿oi]
Bleibt es so schlecht/schön?	¿Seguirá el buen/mal tiempo? [se**gi**ra el buen/mal **tjem**po]
Was sagt der Wetterbericht?	¿Qué dicen en la previsión del tiempo? [ke **di**θen en la pre**wiß**jon del **tjem**po]
Es wird kälter/wärmer.	Las temperaturas bajarán/subirán. [las tempe**ra**tu**ras** bacha**ran**/suwi**ran**]
Es ist heiß/schwül/windig.	Hace mucho calor/bochorno/viento. [a**θ**e **mu**tscho ka**lor**/bo**tschor**no/**wjen**to]
Es ist stürmisch/neblig.	Hay tempestad/niebla. [ai tempe**sta**/**nje**wla]
Heute/Morgen soll es regnen/ schneien.	Hoy/Mañana lloverá/nevará. [oi/ma**nja**na ljo**wera**/ne**wara**]
Wie lange regnet es schon?	¿Llueve desde hace mucho tiempo? [**lju**ewe **desde**‿a**θ**e **mu**tscho **tjem**po]
Wann hört es auf zu regnen?	¿Cuándo terminará la lluvia? [**kwan**do termina**ra** la **lju**wia]
Wieviel Grad haben wir?	¿Cuántos grados hay? [**kwan**tos **gra**dos ai]
25 Grad (im Schatten).	Veinticinco grados (a la sombra). [bäinti**θin**ko **gra**dos (a la **som**bra)]

Farben

Ich suche eine blaue/schwarze Hose.	Estoy buscando unos pantalones azules/negros. [es**toi** bu**skan**do **u**nos panta**lo**nes a**θu**les/**ne**gros]
Haben Sie dieses Hemd auch in Weiß in einer anderen Farbe?	**¿Tiene esta camisa** [**tjene**‿**esta** ka**miß**a] también en blanco [tam**bjen** en **blan**ko] en otro color? [en **o**tro ko**lor**]
Diese Farbe gefällt mir nicht ist mir zu hell/zu dunkel.	**Este color** [**este** ko**lor**] no me gusta [no me **gu**sta] es demasiado claro/oscuro. [es dema**ß**jado **kla**ro/o**sku**ro]

Farben

beige beige [bäisch]	**gestreift** rayado [ra**ja**do]
blau azul [a**θu**l]	**grau** gris [griß]
blond rubio [**ru**wio]	**grün** verde [**ber**de]
braun marrón [ma**ron**]	**hell** claro [**kla**ro]
bunt multicolor [multiko**lor**]	**kariert** a cuadros [a **kwa**dros]
dunkel oscuro [o**sku**ro]	**lila** lila [**li**la]
einfarbig liso [**liß**o]	**rosa** rosa [**roß**a]
gelb amarillo [ama**ril**jo]	**rot** rojo [**ro**cho]
gemustert con dibujo [kon di**wu**cho]	**schwarz** negro [**ne**gro]
	weiß blanco [**blan**ko]

Auf Schnellstra-
ßen (autovía) gilt
eine Höchstge-
schwindigkeit von
100 km/h, auf
Autobahnen
(autopista) sind
120 km/h erlaubt

Reisewege und Verkehrsmittel

An der Grenze

¡Su pasaporte! [su paßaporte]
Ihren Paß!

¡Su carnet de conducir!
[su karne de konduθir]
Ihren Führerschein!

¡Los documentos del coche!
[los dokumentos del kotsche]
Den Fahrzeugschein!

¡Los pasaportes de los hijos!
[los paßaportes de los ichos]
Die Kinderpässe!

¡La carta verde, por favor!
[la karta werde por fawor]
Die grüne Versicherungskarte, bitte!

¿Adónde va? [adonde wa]
Wohin fahren Sie?

Ich fahre/Wir fahren nach ...
Voy/Vamos a ... (boi/bamos a)

Ich bin Tourist.
Soy turista [soi turista]

Ich bin auf Geschäftsreise.
Hago un viaje de negocios.
[ago un bjache de negoθjos]

¿Tiene algo que declarar?
[tjene algo ke deklarar]
Haben Sie etwas zu verzollen?

Nein, ich habe nichts zu
verzollen.
No, no tengo nada que declarar.
[no no tengo nada ke deklarar]

Nur einige Geschenke.
Sólo algunos regalos.
[solo algunos regalos]

Muß ich das verzollen?
¿Tengo que declarar esto?
[tengo ke deklarar esto]

Está prohibido llevar eso.
[esta proiwido ljewar eßo]
Sie dürfen das nicht einführen!

¡Abra por favor la maleta!
[awra por fawor la maleta]
Öffnen Sie bitte den Koffer!

Wieviele ... sind zollfrei?	¿Cuántos ... están exentos de aduana?
	[kwantos ... estan exentos de‿aduana]
Zigaretten	cigarrillos [θigariljos]
Liter Wein/Spirituosen	litros de vino/licores [litros de wino/likores]

Nach dem Weg fragen

Wie komme ich	¿Cómo voy [komo woi]
nach ...	a ... [a]
zur Autobahn	a la autopista [a la‿autopista]
ins Zentrum	al centro [al θentro]
zum ... Platz	a la plaza de ... [a la plaθa de]
zur ... Straße	a la calle de ... [a la kalje de]
zum (Bus-)Bahnhof	a la estación (de autobuses) [a la estaθjon de autobuβes]
zum Flughafen/Hafen?	al aeropuerto/puerto? [al aeropuerto/puerto]

* En el cruce [en el kruθe]	An der Kreuzung
* En el semáforo [en el semaforo]	An der Ampel

* Después de quinientos metros [despues de kinjentos metros]	Nach 500 Metern
* girar a la derecha/a la izquierda [chirar a la deretscha/a la‿iθkjerda]	rechts/links abbiegen
* ir todo recto [ir todo rekto]	geradeaus fahren/gehen
* volver atrás. [bolwer atras]	zurückfahren/zurückgehen.

Ist das die Straße nach ...?	¿Es la carretera a ...? [es la karretera‿a]
Wieviele Meter/Kilometer sind es nach ...?	¿Cuántos metros/kilómetros son a ...? [kwantos metros/kilometros son a]
Können Sie mir das auf der Karte zeigen?	¿Puede mostrármelo en el mapa? [puede mostrarmelo‿en el mapa]

Ein Auto, Motorrad oder Fahrrad mieten

Ich möchte ... mieten.	Quería alquilar [keria‿alkilar]
ein Auto	un coche [un kotsche]
einen Geländewagen	un coche todo terreno [un kotsche todo terreno]
einen Kleinbus	un microbús [un mikrobus]
ein Wohnmobil	un coche-vivienda [un kotsche wiwjenda]
ein Motorrad	una moto [una moto]
ein Moped/Mofa	un ciclomotor/velomotor [un θiklomotor/belomotor]
einen Motorroller	un motoscooter [un motoskuter]
ein Fahrrad/Mountainbike	una bicicleta/bicicleta de montaña [una biθikleta/biθikleta de montanja]
für 2 Tage/1 Woche	para dos días/una semana [para dos dias/una semana]
ab heute/morgen	a partir de hoy/mañana. [a partir de‿oi/manjana]

Wieviel kostet das Fahrzeug ¿Cuánto cuesta el vehículo
[kwanto kuesta⌣el weikulo]

  pro Tag/pro Woche   por día/por semana
  [por **dia**/por se**ma**na]

  pro gefahrenen Kilometer?   por kilómetro? [por ki**lo**metro]

Gibt es eine Kilometer- ¿Hay un kilómetraje limitado?
begrenzung? [ai⌣un kilome**tra**che limi**ta**do]

Wieviele Kilometer sind im ¿Cuántos kilómetros están incluídos
Preis enthalten? en el precio? [**kwan**tos ki**lo**metros es**tan**
inklu**i**dos en el pre**θ**io]

Wieviel Benzin ist noch im ¿Cuántos litros de gasolina hay en el depósito?
Tank? [**kwan**tos litros de ga**ßo**lina ai⌣en el depo**ßi**to]

Welches Benzin muß ich ¿Qué gasolina tengo que poner?
tanken? [ke ga**ßo**lina **ten**go ke po**ner**]

Wie hoch ist die Kaution? ¿Cuánto es la caución?
[**kwan**to es la kau**θ**jon]

Ist das Fahrzeug vollkasko- ¿El vehículo está asegurado a todo riesgo?
versichert? [el weikulo⌣es**ta**⌣a**ße**gu**ra**do a **to**do **rje**sgo]

Wie hoch ist die Selbst- ¿Qué parte de los daños tengo que asumir yo?
beteiligung? [ke **par**te de los **dan**jos **ten**go ke⌣a**ßu**mir jo]

Kann ich das Fahrzeug in ... ¿Puedo devolver el vehículo en ...?
zurückgeben? [**pue**do dewol**wer** el weikulo⌣en]

Bis wann muß ich das Fahr- ¿Hasta cuándo tengo que devolver el vehículo?
zeug zurückbringen? [asta **kwan**do **ten**go ke dewol**wer** el weikulo]

Bitte erklären Sie mir alle ¡Explíqueme todas las funciones, por favor!
Funktionen! [ex**pli**keme **to**das las fun**θ**jones por fa**wor**]

Verkehrsschilder

Accidente Unfall
Atasco Stau
Atención Achtung
Autopista (de peaje) Autobahn
  (gebührenpflichtig)
Callejón sin salida Sackgasse
Carril-bici Radweg
Ceda el paso Vorfahrt beachten!
Circunvalación Umgehungsstraße
Conducir por la derecha Rechts
  fahren
Control de radar Radarkontrolle
Curva peligrosa Gefährliche Kurve
Desviación/Desvío Umleitung
Escuela Schule
Estacionamiento Parkplatz
Giro obligatorio Kreisverkehr
Hospital Krankenhaus
Obras Baustelle
Paso a nivel (sin barrera)
  (Unbeschrankter) Bahnübergang

Paso de cebra Zebrastreifen
Paso de peatones Fußgänger-
  übergang
Peaje Zahlstelle
Peligro Gefahr
Precaución Vorsicht
Prohibido adelantar Überhol-
  verbot
Prohibido el paso Durchfahrt
  verboten
Prohibido estacionar Parkverbot
Prohibido girar a la izquierda
  Linksabbiegen verboten
Prohibido parar Halteverbot
Respetar la preferencia Vorfahrt
  beachten
Salida Ausfahrt
Sentido único Einbahnstraße
Todas direcciones Alle Richtungen
Zona azul Kurzparkbereich
Zona de peatones Fußgängerzone

Mit dem Auto unterwegs

In Spanien gibt es neben gebührenfreien autobahnähnlichen Straßen *(autovías)* die mautpflichtigen Autobahnen *(autopistas)*. An deren Zahlstellen *(peajes)* ist für kürzere Teilstrecken wie Stadtumgehungen meist eine Schnellkasse eingerichtet. Sofern Sie das passende Kleingeld haben, können Sie dort die angezeigte Gebühr einfach in einen Münzautomaten einwerfen. Also Kleingeld sammeln und zählen!

Vermeiden Sie unerlaubtes Parken! Der Abschleppdienst *(la grúa)* ist relativ schnell zur Stelle, oder es wird die Parkkralle *(el cepo)* angelegt. Zum Parken in den Innenstädten müssen Sie meist ein Ticket aus einem Parkautomaten ziehen. An spanischen Tankstellen wird man in der Regel bedient. Die Angestellten kassieren auch und freuen sich bei besonderen Diensten über ein kleines Trinkgeld.

Parken

Kann ich hier parken?
¿Puedo aparcar el coche aquí?
[**pue**do‿apar**kar** el **ko**tsche‿a**ki**]

Gibt es hier
¿Hay por aquí [ai por‿a**ki**]
  einen (bewachten) Parkplatz
    un aparcamiento (vigilado)
    [un aparka**mjen**to (wichi**la**do)]

  eine Parkgarage?
    un garaje? [un ga**ra**che]

Ist das Parkhaus nachts geöffnet?
¿El garaje está abierto por la noche?
[el ga**ra**che‿es**ta**‿a**wjer**to por la **no**tsche]

* Ocupado. [oku**pa**do]
Belegt.

Wie hoch ist die Parkgebühr
¿Cuánto cuesta [**kwan**to **kues**ta]
  pro Stunde
    por hora [por **o**ra]
  pro Tag
    por día [por **di**a]
  pro Nacht?
    por noche? [por **no**tsche]

Tanken

Wo ist bitte die nächste Tankstelle?
¿Dónde hay una gasolinera por aquí?
[**don**de‿ai‿una gaßoli**ne**ra por‿a**ki**]

Bitte volltanken/20 Liter
¡Lleno, por favor/veinte litros
[**lje**no por fa**wor**/**bäin**te **li**tros]

  Normalbenzin
    de gasolina normal [de gaßo**li**na nor**mal**]
  Super
    de súper [de **ßu**per]
  Diesel
    de diesel/de gasóleo [de **di**ßel/de gaßo**le**o]
  bleifrei/verbleit.
    sin plomo/con plomo! [sin **plo**mo/kon **plo**mo]

Ich möchte bitte einen halben Liter Öl.
Quería medio litro de aceite.
[ke**ri**a **me**dio **li**tro de‿a**θäi**te]

Bitte prüfen Sie
¡Compruebe por favor
[kom**prue**we por fa**wor**]

  den Ölstand
    el nivel del aceite [el ni**wel** de‿a**θäi**te]
  das Kühlwasser!
    el agua del radiador! [el **a**gua del radia**dor**]

Panne, Unfall

Ich habe
eine Panne
eine Reifenpanne
einen Unfall.

Tengo [tengo]
una avería [una‿aweria]
una rueda pinchada [una **rue**da pin**tscha**da]
un accidente. [un akΘi**den**te]

Können Sie mich mitnehmen
zu einer Tankstelle
zu einer Werkstatt?

¿Podría usted llevarme [podria‿uste lje**war**me]
a una gasolinera [a‿una gaßoli**ne**ra]
a un taller? [a‿un tal**jer**]

Könnten Sie
mich abschleppen
mir helfen
mir Starthilfe geben
mir Ihren Wagenheber leihen
die Polizei/Feuerwehr rufen

einen Krankenwagen rufen

einen Arzt rufen?

¿Podría usted [podria uste]
remolcarme [remol**kar**me]
ayudarme [aju**dar**me]
ayudarme a arrancar [aju**dar**me‿a‿arran**kar**]
prestarme su gato [pre**star**me su **ga**to]

llamar a la policía/a los bomberos
[lja**mar** a la poliΘia/a los bom**be**ros]
llamar a la ambulancia
[lja**mar** a la ambu**lan**Θia]
llamar a un médico? [lja**mar** a un **me**diko]

Sind Sie verletzt?

¿Está usted herido *(m)*/herida *(f)*?
[es**ta**‿uste‿e**ri**do/e**ri**da]

Es ist niemand verletzt.
Es ist jemand (schwer) verletzt.

No hay heridos. [no‿ai‿e**ri**dos]
Hay una persona herida (gravemente).
[ai‿una per**ßo**na‿e**ri**da (grawe**men**te)]

Geben Sie mir bitte
Ihren Namen und Ihre Anschrift
Name und Anschrift Ihrer Versicherung!

¡Por favor, déme [por fa**wor** **de**me]
su nombre y su dirección
[su **nom**bre‿i su direk**Θjon**]
nombre y dirección de su compañía de
seguros! [**nom**bre‿i direk**Θjon** de su kom**pan**jia
de se**gu**ros]

Im Zentrum der Altstadt von Sevilla: Blick von der Kathedrale Santa María

Auto, Motorrad, Fahrrad

Abschleppseil	cable de remolque *(m)* [kawle de remolke]
Auspuff	escape *(m)* [eskape]
Automatik	cambio automático [kambio automatiko]
Autoschlüssel	llave del coche *(f)* [ljawe del kotsche]
Batterie	batería [bateria]
Bremse	freno [freno]
Ersatzteil	pieza de recambio [pjeθa de rekambio]
Flickzeug	estuche de reparación *(m)* [estutsche de reparaθjon]
Gangschaltung	cambio de marchas [kambio de martschas]
Glühbirne	bombilla [bombilja]
Handbremse	freno de mano [freno de mano]
Hupe	bocina [boθina]
Katalysator	catalizador *(m)* [kataliθador]
Keilriemen	correa trapezoidal [korrea trapeθoidal]
Kindersitz	asiento de niños [aßjento de ninjos]
Kupplung	embrague *(m)* [embrage]
Kurzschluß	cortocircuito [kortoθirkuito]
Lenkung	dirección *(f)* [direkθjon]
Luftpumpe	bomba de inflar/bomba neumática [bomba de_inflar/bomba näumatika]
(Fahrrad-)Mantel	cubierta [kuwjerta]
Motor	motor *(m)* [motor]
Reifen	neumático [näumatiko]
Reparatur	reparación *(f)* [reparaθjon]
Reserverad	rueda de reserva [rueda de reßerwa]
Rücklicht	luz trasera *(f)* [luθ traßera]
Scheibenwischer	limpiaparabrisas *(m)* [limpiaparawrißas]
Scheinwerfer	faro [faro]
Schlauch	cámara de aire [kamara de_aire]
Schraube	tornillo [torniljo]
Schraubenzieher	destornillador *(m)* [destorniljador]
Sicherheitsgurt	cinturón de seguridad *(m)* [θinturon de segurida]
Sicherung	fusible *(m)* [fußiwle]
Sturzhelm	casco [kasko]
Tank	depósito [depoßito]
Ventil	válvula [balwula]
Verbandskasten	botiquín *(m)* [botikin]
Warndreieck	triángulo de peligro [triangulo de peligro]
Werkzeug	herramientas *(f/Pl)* [erramjentas]
Zündkerze	bujía [buchia]

Ich bin/Sie sind/Er ist

zu schnell gefahren
zu dicht aufgefahren.

He ido/Usted ha ido/Ha ido
[e‿ido/uste‿a‿ido/a‿ido]
  demasiado rápido [demaßjado rapido]
  con muy poca distancia.
  [kon mui poka distanθia]

Ich habe/Sie haben/Er hat

die Vorfahrt mißachtet

das Rotlicht übersehen.

No he/Usted no ha/No ha
[no‿e/uste no‿a/ no‿a]
  respetado la preferencia
  [respetado la preferenθia]
  respetado la luz roja. [respetado la luθ rocha]

Sind Sie Zeuge des Unfalls?

¿Es usted testigo del accidente?
[es uste testigo del akθidente]

Vielen Dank für Ihre Hilfe.

Muchas gracias por su ayuda.
[mutschas graθias por su ajuda]

Werkstatt

Gibt es hier eine VW-Werk-statt?

¿Hay por aquí un concesionario Volkswagen?
[ai por‿aki un konθesionario wolkswagen]

Der Motor
  springt nicht an
  verliert Öl
  funktioniert nicht richtig.

El motor [el motor]
  no arranca [no‿arranka]
  pierde aceite [pjerde‿aθäite]
  no marcha bien. [no martscha bjen]

Die Bremsen sind nicht in Ordnung.
Die Kontrollampe leuchtet.

Los frenos no funcionan bien.
[los frenos no funθjonan bjen]
La lámpara piloto está encendida.
[la lampara piloto esta‿enθendida]

Der Auspuff defekt.

El escape está estropeado.
[el eskape‿esta estropeado]

Der Kühler ist undicht.

El radiador está permeable.
[el radiador esta permeawle]

Was kostet die Reparatur?

¿Cuánto cuesta la reparación?
[kwanto kuesta la reparaθjon]

Wann ist der Wagen fertig?

¿Cuándo estará listo? [kwando‿estara listo]

Autostopp

Fahren Sie nach ...?
Können Sie mich mitnehmen nach ...?

¿Usted va a ...? [uste wa‿a]
¿Puede llevarme a ...? [puede ljewarme‿a]

Ich möchte hier aussteigen!
Danke und gute Fahrt!

Quiero bajar aquí. [kjero bachar aki]
Gracias y ¡buen viaje! [graθias i buen bjache]

Städtische Verkehrsmittel

Bus, Straßenbahn, U-Bahn

Gibt es einen Bus nach ...?
Wie lange dauert die Fahrt?

¿Hay un autobús a ...? [ai‿un autowus a]
¿Cuánto tiempo dura el viaje?
[kwanto tjempo dura‿el wiache]

Wo ist bitte die nächste
Bushaltestelle
Straßenbahnhaltestelle
U-Bahnstation?

¿Dónde está la próxima [donde‿esta la próxima]
parada del autobús [parada del autowus]
parada del tranvía [parada del tranbia]
estación del metro? [estaθjon del metro]

Ist das weit?

¿Está lejos? [esta lechos]

Welche U-Bahn fährt nach ...?

¿Cuál es el metro para ...?
[kwal es el metro para]

Wann fährt der letzte Bus
zurück?

¿A qué hora regresa el último autobús?
[a ke‿ora regreßa‿el ultimo autowus]

Welche Richtung muß ich
nehmen?

¿Qué dirección tengo que tomar?
[ke direkθjon tengo ke tomar]

Wieviele Haltestellen sind es?

¿Cuántas paradas son?
[kwantas paradas son]

Ist dies die U-Bahn nach ...?

¿Es el metro para ...?
[es el metro para]

Wo muß ich
aussteigen
umsteigen
zum Bahnhof
ins Zentrum?

¿Dónde tengo que [donde tengo ke]
bajar [bachar]
cambiar [kambjar]
para la estación [para la‿estaθjon]
para el centro? [para‿el θentro]

Sagen Sie mir bitte, wann ich
aussteigen muß!

¡Dígame por favor, cuando tengo que bajar!
[digame por fawor kwando tengo ke bachar]

Wo kann ich den Fahrschein
kaufen?
Einen Fahrschein nach ...
bitte.

¿Dónde puedo comprar el billete?
[donde puedo komprar el biljete]
Un billete a ... por favor.
[un biljete a ... por fawor]

Wieviel kostet die Fahrt?

¿Cuánto cuesta el billete?
[kwanto kuesta‿el biljete]

Halten Sie bitte hier!

¡Pare aquí, por favor! [pare aki por fawor]

Taxi

Wo ist der nächste Taxistand?

¿Dónde hay una parada de taxis por aquí?
[donde‿ai‿una parada de taxis por‿aki]

Zum Bahnhof!
Zum Hotel!
Zum Flughafen!
In die Innenstadt!
Nach ..., bitte!

¡A la estación! [a la‿estaθjon]
¡Al hotel! [al‿otel]
¡Al aeropuerto! [al aeropuerto]
¡Al centro! [al θentro]
¡A ..., por favor! [a ... por fawor]

Was kostet die Fahrt nach/
zum/zur ...?

¿Cuál es el precio hasta/al/a la ...?
[kwal es el preθjo asta/al/a la]

Schalten Sie bitte das Taxa-
meter ein!
Warten/Halten Sie hier bitte!

¡Ponga el taxímetro por favor!
[ponga el taximetro por fawor]
¡Espere/Pare aquí por favor!
[espere/pare‿aki por fawor]

Das ist für Sie!

¡Para usted! [para‿uste]

Mit Bahn und Bus unterwegs

Wo ist der (Bus-)Bahnhof bitte?

¿Dónde está la estación (de autobuses), por favor? [**donde** esta la esta**θ**jon (de autowu**ß**es) por fa**wor**]

Wann fährt ein Zug/Bus nach ...?

¿Cuándo sale el tren/autobús a ...? [**kwan**do **sale** el tren/auto**wus** a]

Muß ich umsteigen?

¿Tengo que hacer trasbordo? [**ten**go ke a**θ**er tras**wor**do]

Von welchem Bahnsteig fährt der Zug ab?

¿De qué andén sale el tren? [de ke an**den** sale el tren]

Wann kommt der Zug/Bus in ... an?

¿Cuándo llega el tren/autobús a ...? [**kwan**do **lje**ga el tren/auto**wus** a]

Habe ich in ... Anschluß nach ...?

¿En ... tengo enlace para ...? [en ... **ten**go enla**θ**e **pa**ra]

Was kostet die Fahrkarte?

¿Cuánto cuesta el billete? [**kwan**to **kues**ta el bil**je**te]

Gibt es eine Ermäßigung für

¿Hay un descuento para [ai un des**kuen**to **pa**ra]

  Kinder

    niños [**nin**jos]

  Senioren?

    la tercera edad? [la ter**θ**era eda]

Bitte eine Karte/Karten

¡Por favor un billete/unos billetes [por fa**wor** un bil**je**te/unos bil**je**tes]

nach ...

  a ... [a]

  einfach/hin und zurück

    de ida/de ida y vuelta [de ida/de ida i **wuel**ta]

  erster/zweiter Klasse

    de primera/segunda clase [de pri**me**ra/se**gun**da **kla**ße]

  für 2 Erwachsene und 2 Kinder!

    para dos adultos y dos niños! [**pa**ra dos a**dul**tos i dos **nin**jos]

Hinweisschilder

¡Agua no potable! Kein Trink-
wasser!
Andén Bahnsteig
Coche-cama Schlafwagen
Coche-literas Liegewagen
Coche-restaurante Speisewagen
Freno de alarma Notbremse

Información Auskunft
Lavabo Waschraum
Lavabos Toiletten
libre frei
ocupado besetzt
Salida Ausgang/Abfahrt
Vía Gleis

Bitte reservieren Sie
einen (Fenster-)Platz

(Nicht-)Raucher
einen Liegewagenplatz

einen Schlafwagenplatz

für den Zug/Bus
um 14 Uhr!

Quería reservar [keria reßerwar]
un asiento (junto a la ventanilla)
[un aßjento (**chun**to‿a la wenta**ni**lja)]
(no) fumadores [(no) fuma**do**res]
un billete de coche-literas
[un bil**je**te de **ko**tsche li**te**ras]
un billete de coche-cama
[un bil**je**te de **ko**tsche **ka**ma]
  para el tren/autobús [**pa**ra‿el tren/auto**wus**]
  a las catorce horas. [a las ka**tor**θe‿oras]

Ich möchte
mein Fahrrad mitnehmen
dieses Gepäck aufgeben.

Quería [keria]
llevar la bicicleta [lje**war** la bi**θi**kleta]
facturar el equipaje. [faktu**rar** el eki**pa**che]

Wo finde ich bitte
die Gepäckaufbewahrung
Schließfächer?

Por favor, ¿dónde está [por fawor donde‿esta]
la consigna [la kon**si**gna]
la consigna automática?
[la kon**si**gna‿auto**ma**tika]

Ist das der Zug/Bus nach ...?

¿Éste es el tren/autobús para ...?
[este es el tren/auto**wus** para ...]

Ist dieser Platz frei, bitte?
Entschuldigung, das ist mein
Platz!

¿Este asiento está libre? [este aßjento‿esta **li**wre]
Perdón, ¡este asiento es mío!
[per**don** este‿aßjento‿es mio]

Mit dem Flugzeug unterwegs

Ich möchte
einen Flug buchen nach ...
für 1 Person
für zwei/vier Personen

am 2. September
einfach/Hin- und Rückflug

Touristenklasse/1. Klasse.

den Flug rückbestätigen
den Flug annulieren/
umbuchen.

Quería [keria]
reservar un vuelo a ... [reßerwar un **bue**lo‿a]
para una persona [**pa**ra‿una perßona]
para dos/cuatro personas
[**pa**ra dos/**kwa**tro perßonas]
el dos de septiembre [el dos de sep**tjem**bre]
de ida/de ida y vuelta
[de‿ida/de‿ida‿i **wuel**ta]
de clase turista/de primera clase.
[de **kla**ße turista/de primera **kla**ße]
confirmar el vuelo [konfir**mar** el **wue**lo]
anular/cambiar el vuelo.
[anular/kam**bjar** el **wue**lo]

Sind noch Plätze frei

  am Fenster/am Gang

  für Raucher/Nichtraucher?

¿Hay todavía plazas libres
[ai todawia **pla**θas **li**wres]
  junto a las ventanillas/junto al pasillo
  [**chun**to‿a las went**ani**ljas/**chun**to al pa**ßi**ljo]
  para fumadores/no fumadores?
  [**pa**ra fuma**do**res/no fuma**do**res]

* No quedan plazas libres.
[no **ke**dan **pla**θas **li**wres]

Der Flug ist leider ausgebucht.

Wieviel kostet der Flug?

Gibt es Sondertarife/
Stand-by-Plätze?
Wann muß ich am Flughafen
sein?
Wie hoch ist die Flughafen-
gebühr?

¿Cuánto cuesta el pasaje?
[**kwan**to **kue**sta‿el pa**ßa**che]
¿Hay tarifas especiales/plazas stand-by?
[ai **ta**rifas espe**θja**les/**pla**θas stand**bai**]
¿A qué hora tengo que estar en el aeropuerto?
[a ke‿**o**ra **ten**go ke‿es**tar** en el aero**puer**to]
¿Cuánto es la tasa de aeropuerto?
[**kwan**to es la **ta**ßa de‿aero**puer**to]

Mein Koffer/Meine Tasche
  ist beschädigt
  ist nicht da.

Mi maleta/Mi bolso [mi ma**le**ta/mi **bol**so]
  está estropeada/-o [es**ta**‿estro**pea**da/-o]
  no está aquí. [no‿es**ta**‿a**ki**]

Mit dem Schiff unterwegs

Wann fährt ein Schiff/eine
(Auto-)Fähre nach ...?

Wie lange dauert die Über-
fahrt?

¿Cuándo hay un barco/un transbordador a ...?
[**kwan**do‿ai‿un **bar**ko/un transborda**dor** a]

¿Cuánto tiempo dura la travesía?
[**kwan**to **tjem**po **du**ra la tra**we**ßia]

Ich möchte
  eine Schiffskarte nach ...
    1./2. Klasse

  eine Einzel-/Zweibettkabine

  eine Außenkabine/eine
  Innenkabine.

Quería [ke**ria**]
  un pasaje para ... [un pa**ßa**che **pa**ra]
    de primera/segunda clase
    [de pri**me**ra/se**gun**da **kla**ße]
  un camarote individual/de dos camas
  [un kama**ro**te‿individu**al**/de dos **ka**mas]
  un camarote exterior/un camarote interior.
  [un kama**ro**te exte**rjor**/un kama**ro**te‿inte**rjor**]

Ich möchte mein Auto
mitnehmen.

Quería llevar el coche. [ke**ria** lje**war** el **ko**tsche]

Wann muß ich/müssen wir
an Bord sein?
Wann legen wir in ... an?

¿A qué hora tengo/tenemos que estar a bordo?
[a ke‿**o**ra **ten**go/te**ne**mos ke‿es**tar** a **bor**do]
¿A qué hora atracamos en ...?
[a ke‿**o**ra‿atra**ka**mos en]

Wie lange haben wir
Aufenthalt?

¿Cuánto tiempo nos quedamos?
[**kwan**to **tjem**po nos ke**da**mos]

Ich suche
  die Kabine Nummer ...
  die Toiletten
  das (Promenaden-)Deck
  das Parkdeck
  einen Steward.

Estoy buscando [es**toi** bus**kan**do]
  el camarote número ... [el kama**ro**te **nu**mero]
  los lavabos [los la**wa**wos]
  la cubierta (de paseo) [la ku**wjer**ta (de pa**ße**o)]
  la cubierta de coches [la ku**wjer**ta de **ko**tsches]
  un camarero. [un kama**re**ro]

Ein Glanzstück der spanischen Hotellerie sind die Paradores. Derjenige von Carmona z. B. ist in einem ehemaligen Palast des Königs Pedro I eingerichtet

Unterkunft

Hotel und Privatzimmer

Gibt es hier
ein gutes/einfaches/zentral gelegenes Hotel
eine Pension
in Strandnähe
in ruhiger Lage?

¿Hay por aquí [ai por‿aki]
un hotel bueno/no muy caro/céntrico [un o**tel** bueno/no mui karo/θentriko]
una pensión [una pen**ßjon**]
cerca de la playa [θerka de la pla**ja**]
tranquilo/-a? [trankilo/-a]

Wo ist das Hotel/
die Pension …?

¿Dónde está el hotel/la pensión …?
[**don**de‿esta‿el‿otel/la penßjon]

An der Rezeption

Ich habe ein Zimmer
reserviert.
Mein Name ist …

He reservado una habitación.
[e reßer**wa**do‿una‿awita**θjon**]
Me llamo … [me **lja**mo]

Haben Sie ein Zimmer frei

für eine Nacht
für 1 Tag/für 3 Tage

für 1 Woche?

¿Hay una habitación libre
[ai‿una‿awitaθjon liwre]
para una noche [**para**‿una **no**tsche]
para un día/para tres días
[**para**‿un **dia**/**pa**ra tres **dias**]
para una semana? [**para**‿una se**ma**na]

* Lo siento, pero estamos completos. [lo **sjen**to pero‿estamos kom**ple**tos]
* A partir del … hay cuartos libres. [a par**tir** del … ai **kwar**tos **liw**res]

Wir sind leider ausgebucht.

Ab … wird etwas frei.

Ich möchte/Wir möchten
Quería/Queríamos [keria/keriamos]

ein Zimmer mit Dusche
una habitación con ducha
[una‿awitaθjon kon dutscha]

ein Einzelzimmer
un cuarto individual [un **kwar**to‿indiwidu**al**]

ein Doppelzimmer
un cuarto doble [un **kwar**to **dow**le]

ein Zweibettzimmer
un cuarto con dos camas
[un **kwar**to kon dos **ka**mas]

mit Bad und Toilette
con baño [kon **ban**jo]

mit Balkon
con balcón [kon bal**kon**]

zum Strand/zur Straße.
que dé a la playa/que dé a la calle.
[ke de a la **pla**ja/ke de a la **kal**je]

Wieviel kostet das Zimmer
¿Cuánto cuesta la habitación
[**kwan**to **kue**sta la‿awitaθjon]

pro Person
por persona [por per**ßo**na]

pro Nacht
por noche [por **not**sche]

pro Woche
por semana [por se**ma**na]

mit (ohne) Frühstück
con (sin) desayuno [kon (sin) de**ßa**juno]

mit Halbpension
con media pensión [kon **me**dia pen**ßjon**]

mit Vollpension
con pensión completa
[kon pen**ßjon** kom**ple**ta]

für Kinder?
para niños? [**pa**ra **ni**njos]

Ist das Zimmer mit Fernseher/
¿La habitación tiene televisor/teléfono?

Telefon?
[la‿awitaθjon **tje**ne telewi**ßor**/te**le**fono]

Ich möchte das Zimmer sehen.
Quería ver el cuarto. [k**e**ria wer el **kwar**to]

Das Zimmer ist schön/
El cuarto es bonito/está bien.

ist in Ordnung.
[el **kwar**to‿es bo**ni**to/**esta** bjen]

Das Zimmer gefällt mir nicht.
El cuarto no me gusta. [el **kwar**to no me **gu**sta]

Haben Sie ein anderes
¿Hay otro cuarto? [ai‿otro **kwar**to]

Zimmer?

Kann ich mit Scheck/
¿Puedo pagar con cheque/tarjeta de crédito?

Kreditkarte bezahlen?
[**pue**do pa**gar** kon **tsche**ke/tar**che**ta de **kre**dito]

Von der Fonda bis zum Gran Lujo

Spanienbesuchern steht eine Vielfalt an Unterkünften zur Auswahl. Hotels (blaues Schild mit weißem H) werden je nach Ausstattung in fünf Kategorien unterteilt und tragen entsprechend viel Sterne. Die Elite der Luxushotels, eine Handvoll im ganzen Land, darf sich mit der Auszeichnung *gran lujo* schmücken. Der Zusatz *residencia* bedeutet, daß keine Verpflegung geboten wird. *Hostales* (Hs) und *pensiones* (P) bieten sich als Alternative zum Mittelklassehotel an. Sie sind kleiner und familiärer, verfügen aber in der Regel nicht über ein Speiselokal und servieren u. U. auch kein Frühstück.

Die günstigsten Unterkünfte nennen sich *fonda* (weißes F auf blauem Schild) und *casa de huespedes* (CH). Die Zimmer solcher Billigquartiere sollte man vor dem Einchecken erst in Augenschein nehmen. Wer ein besonderes, landesspezifisches Reiseerlebnis sucht, dem seien die *paradores* empfohlen. Diese staatlich geführten Hotels der gehobenen Kategorie (ca. 75 auf dem Festland) sind vorwiegend in historischen Gebäuden wie Burgen, Palästen oder Klöstern eingerichtet und landschaftlich reizvoll gelegen. In der Küche legt man Wert auf regionale Spezialitäten.

Haben Sie
einen Parkplatz
eine (bewachte) Garage
einen Safe
ein Schwimmbad?

¿Aquí tienen [aki tjenen]
un aparcamiento [un aparka**mjen**to]
un garaje (vigilado) [un ga**rache** (wichi**la**do)]
una caja fuerte [una **ka**cha **fuer**te]
una piscina? [una pis**θi**na]

Wo ist
der Frühstücksraum
der Speisesaal?

¿Dónde está [**don**de⌣es**ta**]
la sala de desayuno [la **sa**la de de**ßa**juno]
el comedor? [el kome**dor**]

Wann gibt es
Frühstück
Mittagessen
Abendessen?

¿A qué hora sirven [a ke⌣**ora sir**wen]
el desayuno [el de**ßa**juno]
el almuerzo [el al**muer**θo]
la cena? [la **θe**na]

▶ **(Zu den Mahlzeiten siehe Essen und Trinken, S. 40 ff.)**

Wecken Sie mich morgen bitte
um 7 Uhr!
Meinen Schlüssel, bitte!
Zimmer Nummer 10 bitte!

¡Despiérteme mañana a las siete, por favor!
[des**pjer**teme man**ja**na⌣a las **sje**te por fa**wor**]
¡Mi llave, por favor! [mi **lja**ve por fa**wor**]
¡Cuarto número diez, por favor!
[**kwar**to **nu**mero dje**θ** por fa**wor**]

Kann ich hier
Geld tauschen
Eurocheques/
Travellerschecks einlösen
telefonieren?

¿Aquí puedo [aki **pue**do]
cambiar dinero [kam**bjar** di**ne**ro]
cobrar eurocheques/cheques de viaje
[kow**rar** äurot**sche**kes/**tsche**kes de **wja**che]
telefonear? [telefo**near**]

Kann ich von meinem Zimmer
nach Deutschland telefonieren?
Verbinden Sie mich bitte mit
der Nummer ...!

¿Puedo llamar desde mi cuarto a Alemania?
[**pue**do lja**mar des**de mi **kuar**to⌣a⌣ale**ma**nia]

Póngame en comunicación con el número ...,
por favor. [**pon**game⌣en komunika**θjon** kon el
numero ... por fa**wor**]

Gibt es Post für mich?

¿Hay correo para mí? [ai ko**rreo** para⌣**mi**]

Reklamationen

Das Zimmer ist schmutzig/
ist zu laut.
Wir haben kein (warmes)
Wasser.

El cuarto está sucio/es ruidoso.
[el **kwar**to⌣es**ta** su**θi**o/es rui**do**ßo]
No tenemos agua (caliente).
[no te**ne**mos **a**gua (ka**ljen**te)]

... funktioniert nicht.
Das Licht
Die Dusche
Die Toilette
Die Heizung

... no funciona. [no fun**θjo**na]
La luz [la lu**θ**]
La ducha [la **dut**scha]
El lavabo [el la**wa**wo]
La calefacción [la kalefak**θjon**]

Es fehlt/Es fehlen
Handtücher
Toilettenpapier.

Falta/Faltan [**fal**ta/**fal**tan]
toallas [to**al**jas]
papel higiénico. [pa**pel** i**chje**niko]

Hotelreservierung per Fax

Hotel Miramar
Alicante
FAX ...

Señores:

Quería/Queríamos reservar una habitación para una persona/dos personas, si es posible un cuarto con ducha y balcón, desde el 1 hasta el 15 de agosto de 1997. Les ruego informarme/informarnos sobre los precios para cuartos individuales/dobles con desayuno/media pensión.

En espera de su confirmación, les saludamos atentamente,

Hotel Miramar
Alicante
FAX ...

Sehr geehrte Damen und Herren,

ich möchte/wir möchten von 1. bis 15. August 1997 ein Zimmer für 1 Person/2 Personen reservieren, wenn möglich mit Dusche und Balkon. Bitte teilen Sie mir/uns die Preise für Einzel-/Doppelzimmer mit Frühstück/Halbpension mit und benachrichtigen Sie mich/uns umgehend über die erfolgte Buchung.

Mit freundlichen Grüßen

Wir brauchen (noch)	Necesitamos (todavía) [neθeßitamos (todawia)]
eine Decke	una manta [una manta]
ein Kopfkissen.	una almohada. [una_almoada]
Ich habe meinen Zimmer-schlüssel verloren.	He perdido la llave de mi cuarto. [e perdido la ljawe de mi kwarto]

Abreise

Ich reise/Wir reisen morgen/heute ab.	Parto/Partimos mañana/hoy. [parto/partimos manjana/oi]
Die Rechnung bitte.	La cuenta, por favor. [la kuenta por fawor]
Rufen Sie bitte ein Taxi!	¡Llame un taxi, por favor! [ljame_un taxi por fawor]
Es hat uns hier sehr gefallen.	Nos ha gustado mucho estar aquí. [nos a gustado mutscho_estar aki]

Ferienhaus und Ferienwohnung

Wir suchen	Buscamos [buskamos]
ein Ferienhaus/eine Ferienwohnung	una casa/un piso para las vacaciones [una kaßa/un pißo para las wakaθjones]
ein (ruhiges) Appartement	un apartamento (tranquilo) [un apartamento (trankilo)]
für 2/4 Personen	para dos/cuatro personas [para dos/kwatro perßonas]
für 6 Tage/2 Wochen.	para seis días/dos semanas. [para säis dias/dos semanas]
Wieviele Zimmer hat/Was kostet	¿Cuántas habitaciones tiene/Cuánto cuesta [kwantas awitaθjones tjene/kwanto kuesta]
die Wohnung	el piso [el pißo]
das Haus?	la casa? [la kaßa]

Sind Nebenkosten extra zu bezahlen?	¿Hay que pagar gastos adicionales? [ai ke pagar gastos adiθionales]
Sind Haustiere/Hunde erlaubt?	¿Aceptan animales domésticos/perros? [aθeptan animales domestikos/perros]
Müssen wir die Endreinigung übernehmen?	¿Tenemos que hacer nosotros la limpieza final? [tenemos ke‿aθer noßotros la limpjeθa final]

Wo kann man hier
einkaufen
telefonieren
Wäsche waschen?

¿Dónde se puede [donde se puede]
hacer compras [aθer kompras]
telefonear [telefonear]
lavar ropa? [lawar ropa]

Camping

Haben Sie Platz für
ein Zelt
einen Wohnwagen
ein Wohnmobil?

¿Hay sitio para [ai sitio para]
una tienda [una tjenda]
una caravana [una karawana]
una autocaravana? [una autokarawana]

Was kostet der Platz
pro Person
für ein Auto
für ein Wohnmobil

für einen Wohnwagen
für ein Zelt?

¿Cuánto cuesta [kwanto kuesta]
por persona [por perßona]
para un coche [para‿un kotsche]
para una autocaravana
[para‿una autokarawana]
para una caravana [para‿una karawana]
para una tienda? [para‿una tjenda]

Vermieten Sie auch
Wohnwagen
Zelte
Bungalows/Hütten?

¿Se alquilan también [se‿alkilan tambjen]
caravanas [karawanas]
tiendas [tjendas]
chalés/cabañas? [tschales/kawanjas]

Wo sind die Duschen/
die Toiletten?

¿Dónde están las duchas/los lavabos?
[donde‿estan las dutschas/los lawawos]

Wir brauchen
einen Stromanschluß

einen Wasseranschluß.

Necesitamos [neθeßitamos]
electricidad/toma de corriente
[elektriθida/toma de korrjente]
toma de agua. [toma de‿agua]

Wann wird nachts das Tor geschlossen?

¿Cuándo cierran la puerta por la noche?
[kwando θjerran la puerta por la notsche]

Ist der Platz nachts bewacht?

¿El camping está vigilado durante la noche?
[el kamping esta wichilado durante la notsche]

Gibt es auf dem Campingplatz
einen Supermarkt
ein Restaurant
Münz-Waschmaschinen
Kühlboxen
einen Spielplatz?

¿En el camping hay [en el kamping ai]
un supermercado [un supermerkado]
un restaurante [un restaurante]
lavadoras [lawadoras]
neveras [neweras]
un parque de juegos infantiles?
[un parke de chuegos infantiles]

Jugendherberge

Gibt es hier eine Jugend-
herberge?
¿Hay un albergue juvenil por aquí?
[ai‿un alberge chuwenil por‿aki]

Wieviel kostet eine Übernach-
tung
¿Cuánto cuesta una noche
[kwanto kuesta‿una notsche]

  pro Person (mit Frühstück)?
  por persona (con desayuno)?
  [por perßona (kon deßajuno)]

Wir haben reserviert.
Hemos hecho una reserva.
[emos etscho una reßerwa]

Haben Sie ein Familien-
zimmer?
¿Tienen una habitación para familias?
[tjenen una awitaɵjon para familias]

Unterkunft

Adapter — adaptador *(m)* [adapta**dor**]
Appartement — apartamento [aparta**men**to]
Aschenbecher — cenicero [ɵeni**ɵe**ro]
Aufzug — ascensor *(m)* [asɵen**ßor**]

Badewanne — bañera [ba**nje**ra]
Balkon — balcón *(m)* [bal**kon**]
Bett — cama [**ka**ma]
Bettdecke — colcha [**kol**tscha]
Bettwäsche — ropa de cama [**ro**pa de **ka**ma]

Dusche — ducha [**du**tscha]

Endreinigung — limpieza final [lim**pje**ɵa fi**nal**]
Ermäßigung — reducción *(f)* [reduk**ɵjon**]

Familienzimmer — habitación *(f)* para familias
[awita**ɵjon** para fa**mi**lias]

Fernseher — televisor *(m)* [telewi**ßor**]

Garage — garaje *(m)* [ga**ra**che]
Gasflasche — bombona de gas [bom**bo**na de gas]
Gepäck — equipaje *(m)* [eki**pa**che]
Geschirr — vajilla [ba**chi**lja]
Geschirrtuch — paño de cocina [**pa**njo de ko**ɵi**na]

Handtuch — toalla [to**al**ja]
Heizung — calefacción *(f)* [kalefak**ɵjon**]
(Elektro-/Gas-)Herd — cocina (eléctrica/de gas)
[ko**ɵi**na (e**lek**trika/de gas)]

(Zelt-)Hering — piquete *(m)* [pi**ke**te]

Kaffeemaschine — cafetera automática [kafe**te**ra‿auto**ma**tika]
Kinderbett — cama de niños [**ka**ma de **ni**njos]
Kissen — almohada [al**moa**da]
Kleiderbügel — percha [**per**tscha]
Klimaanlage — aire *(m)* acondicionado [**ai**re‿akondi**ɵio**nado]
Kochtöpfe — ollas [**ol**jas]
Küche — cocina [ko**ɵi**na]

ch bleibe/Wir bleiben 2 Tage/ Wochen.	Me quedo/Nos quedamos dos días/semanas. [me **ke**do/nos ke**da**mos dos **di**as/se**ma**nas]
ch brauche (keine) Bett- wäsche.	(No) Necesito ropa de cama. [(no) neθe**ßi**to **ro**pa de **ka**ma]
Wann wird die Eingangstür abgeschlossen?	¿A qué hora cierran la puerta de entrada? [a ke⌣ora θje**rran** la **puer**ta de⌣en**tra**da]
Wie weit ist es bis	**¿Está lejos** [esta **le**chos]
zum Strand	la playa [la **pla**ja]
zur Stadt	la ciudad [la θiu**da**]
zum Bahnhof?	la estación? [la⌣esta**θjon**]

eihen/mieten	alquilar [alki**lar**]
Leihgebühr	tarifa de alquiler [ta**ri**fa de⌣alki**ler**]
Licht	luz *(f)* [luθ]
Müll(eimer)	(cubo de) basura [(**ku**wo de) ba**ßu**ra]
Münzen	monedas [mo**ne**das]
Nebenkosten	gastos adicionales [**ga**stos adiθio**na**les]
Parkplatz	aparcamiento [aparka**mjen**to]
Pension	pensión *(f)* [pen**ßjon**]
Rechnung	cuenta [**kuen**ta]
einigen	limpiar [lim**pjar**]
eparieren	reparar [repa**rar**]
Safe	caja fuerte [**ka**cha **fuer**te]
Schlafsack	saco de dormir [**sa**ko de dor**mir**]
Schlüssel	llave *(f)* [**lja**we]
Seife	jabón *(m)* [cha**won**]
Speisesaal	comedor *(m)* [kome**dor**]
Sportplatz	campo de deportes [**kam**po de de**por**tes]
Strom(anschluß)	(toma de) electricidad [(**to**ma de) elektri**θi**da]
Telefon	teléfono [te**le**fono]
Toilette	lavabos/aseos/servicios [la**wa**wos/a**ße**os/ser**wi**θios]
Toilettenpapier	papel *(m)* higiénico [pa**pel** ich**je**niko]
Trinkwasser	agua potable [**a**gua po**ta**wle]
Ventilator	ventilador [benti**lador**]
Waschbecken	lavabo [la**wa**wo]
waschen	lavar [la**war**]
Waschmaschine	lavadora [lawa**do**ra]
Wasser(verbrauch)	(gastos del) agua [(**ga**stos del) **a**gua]
Wohnmobil	autocaravana [**au**tokara**wa**na]
Wohnwagen	caravana [kara**wa**na]
Zimmermädchen	camarera [kama**re**ra]

Ein Reisgericht macht Furore: Die Paella ist heute weit über die Region Valencia hinaus verbreitet

Essen und Trinken

Wo gibt es hier
ein gutes/preiswertes Restaurant
ein nettes/typisches Lokal

   mit regionaler/internationaler Küche?

¿Dónde hay por aquí [donde⌣ai por⌣aki]
un restaurante bueno/no muy caro
[un restau**ran**te **bueno**/no mui **ka**ro]
un restaurante acogedor/típico
[un restau**ran**te⌣akoche**dor**/**ti**piko]
   de cocina regional/internacional?
   [de koθina rechio**nal**/interna θio**nal**]

Ich möchte/Wir möchten
frühstücken
mittagessen
abendessen
eine Kleinigkeit essen
nur etwas trinken.

Quería/Queríamos [keria/keriamos]
desayunar [deßaju**nar**]
almorzar [almorθar]
cenar [θe**nar**]
picar algo [pi**kar**⌣**al**go]
sólo beber algo. [**so**lo be**wer**⌣**al**go]

Ich möchte einen Tisch bestellen
für heute/für morgen abend

   um 19/20 Uhr

   für 4/6 Personen

   auf den Namen ...

Quería reservar una mesa
[keria reßer**war u**na **me**ßa]
   para hoy/para mañana por la noche
   [**pa**ra⌣oi/**pa**ra man**ja**na por la **not**sche]
   a las diecinueve/veinte horas
   [a las dje θi**nue**we/**bäin**te⌣oras]
   para cuatro/seis personas
   [**pa**ra **kwa**tro/säis per**ßo**nas]
   a nombre de ... [a **nom**bre de]

Ich habe einen Tisch bestellt
auf den Namen ...

He reservado una mesa a nombre de ...
[e reßer**wa**do **u**na **me**ßa⌣a **nom**bre de]

Einen Tisch für zwei/vier Personen bitte!

Una mesa para dos/cuatro personas, por favor.
[**u**na **me**ßa **pa**ra dos/**kwa**tro per**ßo**nas por fa**wor**]

Ist dieser Tisch/dieser Platz frei?	¿Esta mesa/Este asiento está libre? [esta meßa/este aßjento‿esta liwre]
Haben Sie Kinderstühle?	¿Tienen sillas altas para niños? [tjenen siljas altas para ninjos]
Wo sind die Toiletten bitte?	¿Dónde están los lavabos, por favor? [donde‿estan los lawawos por fawor]

Bestellen

Herr Ober!/Bedienung, bitte!	¡Por favor!/¡Oiga, por favor! [por fawor/oiga por fawor]
Die Speisekarte!	¡La carta/El menú! [la karta/el menu]
Die Getränkekarte bitte!	La carta de vinos, por favor. [la karta de winos por fawor]
* ¿Qué desean?/¿Qué van a tomar? [ke deßean/ke wan‿a tomar]	Was wünschen Sie?/Was nehmen Sie?
Was empfehlen Sie mir?	¿Qué me recomienda? [ke me rekomjenda]
Ich möchte/Ich nehme	**Quería/Tomo** [keria/tomo]
eine Suppe	una sopa [una sopa]
das Tagesgericht	el plato del día [el plato del dia]
das Menü Nummer 1/2	el menú número uno/dos [el menu numero‿uno/dos]
das hier	esto [esto]
als Vor-/als Haupt-/ als Nachspeise.	de primero/de segundo/de postre. [de primero/de segundo/de postre]
Was sind die für die Region typischen Gerichte?	¿Cuáles son los platos típicos de esta región? [kwales son los platos tipikos de‿esta rechjon]

In Spanien gehen die Uhren anders

Der spanische Lebensrhythmus entspricht nicht ganz dem unserer Breitengrade: So sind die Spanier in der Mehrzahl Frühstücksmuffel; sie versorgen sich lieber vormittags in einer *bar* mit etwas süßem Gebäck zum Kaffee (z. B. mit *donuts, madalenas* oder *croissantes, churros* und *ensaimadas*). Gegen 14 Uhr wird in der Regel das Mittagessen *(almuerzo)* eingenommen, in Restaurants zwischen 13.30 und 15.30 Uhr. Die Mittagsruhe dauert etwa zwei Stunden und wird, wenn möglich, zu einem kurzen Schläfchen *(siesta)* genutzt. Frühestens ab 20 Uhr, in den meisten Familien erst gegen 22 Uhr, gibt es Abendessen *(cena)*. Danach ist Zeit zum Ausgehen – ohne mitternächtliche Sperrstunde. Ein abendlicher Kneipenbummel, der sog. *copeo* („Bechern"), beginnt in der Kneipe um die Ecke *(bar)* mit einem *café solo*. Dann wechselt man in eine *bodega* oder *cervecería*, anschließend vielleicht in ein Musiklokal *(pub)*. Erst nach Mitternacht füllen sich die Diskotheken *(discotecas)*. Die Nacht findet in den frühen Morgenstunden ihr süßes Ende in der *churrería*, einer Konditorei, wo man vor dem Zubettgehen noch warmes Schmalzgebäck, in heiße Schokolade gestippt, genießen kann.

Ich möchte bitte Reis statt Pommes frites.

Prefiero arroz en vez de patatas fritas.
[prefjero‿arroθ en beθ de patatas fritas]

Für das Kind/die Kinder bitte
eine kleine Portion
einen Kinderteller
einen Extrateller
ein Extrabesteck.

Para el niño/los niños [para‿el ninjo/los ninjos]
una ración pequeña [una raθjon pekenja]
un plato para niños [un plato para ninjos]
un plato extra [un plato extra]
un cubierto, por favor. [un kuwjerto por fawor]

Gibt es ein vegetarisches Gericht?

¿Hay un plato vegetariano?
[ai un plato wechetarjano]

Ist dieses Gericht (sehr) scharf/süß/fett?

¿Este plato es (muy) picante/dulce/grasiento?
[este plato es (mui) pikante/dulθe/graßjento]

* ¿Y para beber? [i para bewer]   Und zum Trinken?

Für mich/Für die Dame/ Für den Herrn
ein Bier
ein Mineralwasser.

Para mí/Para la señora/Para el señor
[para‿mi/para‿la senjora/para‿el senjor]
una cerveza [una θerweθa]
un agua mineral. [un‿agua mineral]

Zu trinken möchte ich/ möchten wir
ein Glas
eine Flasche
ein Viertel
einen halben/einen Liter
Rotwein/Weißwein, bitte.

Para beber quería/queríamos
[para bewer keria/keriamos]
una copa [una kopa]
una botella [una botelja]
un cuarto de litro [un kwarto de litro]
medio/un litro [medio/un litro]
de vino tinto/vino blanco, por favor.
[de wino tinto/wino blanko por fawor]

Wir nehmen den Hauswein/einen Tischwein.

Tomamos el vino de la casa/un vino de mesa.
[tomamos el wino de la kaßa/un bino de meßa]

* ¿Desean algo más?
[deßean algo mas]

Möchten Sie noch etwas?

Nein danke, das ist alles.

No gracias, es todo.
[no graθias es todo]

Kann ich noch ... haben?
etwas Brot
ein Bier

¿Me puede traer ... [me puede traer]
más pan [mas pan]
otra cerveza? [otra θerweθa]

Guten Appetit!

¡Buen provecho!/¡Que aproveche!
[buen prowetscho/ke‿aprowetsche]

Prost!/Auf Ihr Wohl!   ¡Salud! [salu]

Darf ich rauchen?   ¿Puedo fumar? [puedo fumar]

Reklamieren

Das habe ich nicht bestellt!   ¡Yo no he pedido eso! [jo no e pedido‿eßo]

Haben Sie ... vergessen?
mein Essen
mein Getränk

¿Se ha olvidado [se‿a‿olwidado]
de mi plato [de mi plato]
de mi bebida? [de mi bewida]

Es fehlt noch
  ein Besteck
  ein Messer
  eine Gabel
  ein Löffel/ein kleiner Löffel

  ein Teller
  ein Glas

  der Aschenbecher.

Falta [falta]
  un cubierto [un ku**wj**er**to**]
  un cuchillo [un ku**tschi**ljo]
  un tenedor [un tene**dor**]
  una cuchara/una cucharita
  [una ku**tscha**ra/una kutscha**ri**ta]
  un plato [un **pla**to]
  (Wasser-) un vaso; *(Wein-)* una copa
  [un **ba**ßo/una **ko**pa]
  el cenicero. [el θeni**θe**ro]

Bringen Sie uns bitte noch
  Essig und Öl
  Salz und Pfeffer
  Servietten
  Zahnstocher!

¡Tráiganos por favor [**trai**ganos por fa**wor**]
  aceite y vinagre [a**θäi**te‿i wi**na**gre]
  sal y pimienta [sal i pi**mjen**ta]
  unas servilletas [**u**nas serwi**lje**tas)
  unos palillos! [**u**nos pa**li**ljos]

Es tut mir leid, aber
  die Suppe/das Essen ist kalt

  das Fleisch ist zäh/ist nicht
  durch.

Lo siento, pero [lo **sjen**to pero]
  la sopa/la comida está fría
  [la **so**pa/la ko**mi**da‿es**ta fri**a]
  la carne está dura/no está bien pasada.
  [la **kar**ne‿es**ta du**ra/no‿es**ta** bjen pa**ßa**da]

Ich glaube, die Rechnung
stimmt nicht.
Was ist das?
Das habe ich nicht gehabt!

Creo que la cuenta no está correcta.
[**kre**o ke la **kuen**ta no‿es**ta** kor**rek**ta]
¿Qué es esto? [ke‿es **es**to]
¡Yo no he tomado eso! [jo no‿e to**ma**do‿e**ßo**]

Bezahlen

Zahlen/Die Rechnung bitte!

Ich zahle alles zusammen.
Wir zahlen getrennt.

Ich möchte eine Quittung,
bitte.

* ¿Le *(Sing)*/Les *(Pl)* ha
gustado la comida?
[le/les a gus**ta**do la ko**mi**da]

Ja, es war sehr gut.

Das ist für Sie.
Stimmt so!

¡La cuenta, por favor!
[la **kuen**ta por fa**wor**]
Pago todo junto. [**pa**go **to**do **chun**to]
¡Cuentas separadas por favor!
[**kuen**tas sepa**ra**das por fa**wor**]
¿Me da un recibo, por favor?
[me‿da‿un re**θi**wo por fa**wor**]

Hat es Ihnen geschmeckt?

Sí, estaba muy rica. [si es**ta**wa mui **ri**ka]

Para usted. [**pa**ra‿us**te**]
Está bien así. [es**ta** bjen a**ßi**]

Die Speisekarte

Desayuno | **Frühstück**

café *(m)* [kafe] — Kaffee
  con leche *(f)* [kon letsche] — mit Milch
  con azúcar *(m)* [kon aθukar] — mit Zucker
  con sacarina [kon sakarina] — mit Süßstoff
  cortado [kortado] — kleiner Milchkaffee
  descafeinado [deskafäinado] — koffeinfrei
  solo [solo] — schwarz
chocolate *(m)* [tschokolate] — heiße Schokolade
croissant *(m)* [kroaßant] — Croissant
embutido [embutido] — (Aufschnitt-)Wurst
huevo frito [uewo frito] — Spiegelei
huevo pasado por agua — weiches Ei
[uewo paßado por_agua]
huevo revuelto [uewo rewuelto] — Rührei
  con jamón [kon chamon] — mit Speck
infusión *(f)* [infußjon] — Kräutertee
jamón *(m)* serrano [chamon serrano] — roher Schinken
jamón *(m)* York [chamon jork] — gekochter Schinken
leche *(f)* (caliente/fría) [letsche (kaljente/fria)] — (warme/kalte) Milch
mantequilla [mantekilja] — Butter
margarina [margarina] — Margarine
mermelada [mermelada] — Marmelade
miel *(f)* [mjel] — Honig
müsli *(m)* [müßli] — Müsli
pan *(m)* [pan] — Brot
pan *(m)* integral [pan integral] — Vollkornbrot
panecillo [paneθiljo] — Brötchen
queso [keßo] — Käse
té *(m)* (con limón) [te (kon limon)] — Tee (mit Zitrone)
tortilla [tortilja] — Omelett
yogur *(m)* [jogur] — Joghurt
  natural/de fruta [natural/de fruta] — weiß/mit Früchten
zumo de naranja [θumo de narancha] — Orangensaft

Snacks | **Kleine Mahlzeiten**

bocadillo/sandwich *(m)* — belegtes Brötchen/Sandwich
[bokadiljo/sandwitsch]
  de jamón *(m)* (York) [de chamon (jork)] — mit (gekochtem) Schinken
  de jamón *(m)* serrano [de chamon serrano] — mit rohem Schinken
  de queso/salchicha [de keßo/saltschitscha] — mit Käse/Wurst
  de salchichón [de saltschitschon] — mit Salami
hamburguesa [amburgeßa] — Hamburger
patatas fritas [patatas fritas] — Pommes frites
  con ketchup [kon ketschup] — mit Ketchup
  con mayonesa [kon majoneßa] — mit Mayonnaise
perro caliente [perro kaljente] — Hot dog
tortilla [tortilja] — Omelett
  de patatas [de patatas] — spanisches Kartoffelomelett

Entremeses/Tapas

	Vorspeisen/Häppchen
aceitunas [aθäitunas]	Oliven
verdes/negras [berdes/negras]	grüne/schwarze
albóndigas [albondigas]	Fleischbällchen
almejas [almechas]	Venusmuscheln
almendras [almendras]	Mandeln
boquerones [bokerones]	Sardellen
champiñones rellenos	gefüllte Champignons
[tschampinjones reljenos]	
chorizo [tschoriθo]	Paprikawurst
ensaladilla rusa [ensaladilja rußa]	russischer Salat
gambas (al ajillo) [gambas (al achiljo)]	Garnelen (in Knoblauchöl)
pinchos [pintschos]	Fleischspießchen
salpicón (m) de marisco [salpikon de marisko]	Meeresfrüchtesalat
fritos/en vinagre [fritos/em_binagre]	fritiert/in Essig und Öl
tortilla de patatas [tortilja de patatas]	spanisches Kartoffelomelett

Sopas

	Suppen
caldo [kaldo]	Bouillon
gazpacho (andaluz) [gaθpatscho (andaluθ)]	kalte Gemüsesuppe
sopa de ajo [sopa de_acho]	Knoblauchsuppe
sopa de almendras [sopa de_almendras]	Mandelsuppe
sopa de fideos [sopa de fideos]	Nudelsuppe
sopa de mariscos [sopa de mariskos]	Meeresfrüchtesuppe
sopa de pescado [sopa de peskado]	Fischsuppe
sopa juliana [sopa chuljana]	Gemüsesuppe

Pescados y mariscos

	Fische und Meeresfrüchte
almejas [almechas]	Venusmuscheln
anguila [angila]	Aal
angulas [angulas]	Glasaal
arenque (m) [arenke]	Hering
atún [atun]	Thunfisch
bacalao [bakalao]	Kabeljau/Stockfisch
besugo [beßugo]	Brasse
bogavante (m) [bogawante]	Hummer
caballa [kawalja]	Makrele
calamares [kalamares]	Tintenfisch
en su tinta [en su tinta)]	in eigener Soße
cangrejo [kangrecho]	Krebs
carpa [karpa]	Karpfen
dorada [dorada]	Goldbarsch
gambas [gambas]	Garnelen
langostinos [langostinos]	Riesengarnelen
lenguado [lenguado]	Seezunge
mejillones [mechiljones]	Miesmuscheln
merluza [merluθa]	Seehecht
ostras [ostras]	Austern
paella (valenciana) [paelja (walenθjana)]	Reisgericht mit Meeresfrüchten
parrillada de pescado [pariljada de peskado]	Fischplatte, gegrillt
pescadilla [peskadilja]	junger Seehecht

pez espada [peθ espada]	Schwertfisch
pulpo [**pul**po]	(großer) Tintenfisch
rape *(m)* [**rape**]	Seeteufel
salmón *(m)* [sal**mon**]	Lachs
sardinas [sar**di**nas]	Sardinen
trucha [**trut**scha]	Forelle
vieiras [bi**äi**ras]	Jakobsmuscheln
zarzuela de marisco [θar**θue**la de ma**ris**ko]	Meeresfrüchteeintopf
zarzuela de pescado [θar**θue**la de pes**ka**do]	gemischte Fischpfanne

Carne — **Fleisch(gerichte)**

asado [a**ßa**do]	Braten
bistec *(m)* [bis**tek**]	Beefsteak
cabrito [ka**wri**to]	Zicklein
callos [**kal**jos]	Kutteln
carne *(f)* [**kar**ne]	Fleisch
de cerdo [de **θer**do]	Schweinefleisch
de vaca [de **wa**ka]	Rindfleisch
picada [pi**ka**da]	Hackfleisch
cazuela de lentejas [ka**θue**la de len**te**chas]	Linseneintopf mit Paprikawurst
chorizo [tscho**ri**θo]	Paprikawurst
chuleta [tschu**le**ta]	Kotelett
cocido [ko**θi**do]	Eintopf mit Fleisch und Gemüse
cochinillo [kotschi**ni**ljo]	Spanferkel
conejo [ko**ne**cho]	Kaninchen
cordero [kor**de**ro]	Lamm/Hammel
empanada [empa**na**da]	(Fleisch-)Pastete
escalope *(m)* [eska**lo**pe]	Schnitzel
a la milanesa [a la mila**ne**ßa]	Wiener Schnitzel
estofado [esto**fa**do]	Ragout/Schmorfleisch in Soße
fabada asturiana [fa**wa**da asturi**a**na]	Bohneneintopf mit Fleisch
filete *(m)* [fi**le**te]	Filet/Steak
a la inglesa [a la_in**gle**ßa]	blutig
bien pasado [bjen pa**ßa**do]	gut durch
poco pasado [**po**ko pa**ßa**do]	medium
hígado [**i**gado]	Leber
lomo [**lo**mo]	Lende
lomo de corzo [**lo**mo de **kor**θo]	Rehrücken
parrillada de carne [pari**lja**da de **kar**ne]	Grillteller
pierna de cordero [**pjer**na de kor**de**ro]	Lammkeule
pinchos [**pin**tschos]	Fleischspieße
rosbif *(m)* [**ros**bif]	Roastbeef
solomillo [solo**mi**ljo]	Filet/Lende
ternera [ter**ne**ra]	Kalbfleisch

Aves — **Geflügel**

codorniz *(f)* [kodor**niθ**]	Wachtel
faisán *(m)* [fai**ßan**]	Fasan
pato [**pa**to]	Ente

pavo [**pa**wo]	Truthahn
pechuga de pollo [pe**tschu**ga de **po**ljo]	Hühnerbrust
pollo [**po**ljo]	Hähnchen

Guarnición — Beilagen

arroz [**arro**θ]	Reis
croquetas [kro**ke**tas]	Kroketten
macarrones [maka**rro**nes]	Makkaroni/Nudeln
pan/panecillos [pan/pane**θi**ljos]	Brot/Brötchen
pastas [**pas**tas]	Nudeln/Teigwaren
patatas [pa**ta**tas]	Kartoffeln
patatas fritas [pa**ta**tas **fri**tas]	Pommes frites

Ensalada y Verduras — Salat und Gemüse

alcachofas [alka**tscho**fas]	Artischocken
berenjenas [beren**che**nas]	Auberginen
brócoli *(m)* [**bro**koli]	Brokkoli
calabacines *(m)* [kalawa**θi**nes]	Zucchini
cebolla [θe**wo**lja]	Zwiebel
coliflor *(m)* [koli**flor**]	Blumenkohl
ensalada (mixta) [ensa**la**da (**mix**ta)]	(gemischter) Salat
espárragos [es**pa**rragos]	Spargel
espinacas [espi**na**kas]	Spinat
guisantes *(m)* [gi**ßan**tes]	Erbsen
judías blancas [chu**di**as **blan**kas]	weiße Bohnen
judías verdes [chu**di**as **wer**des]	grüne Bohnen
lechuga [le**tschu**ga]	Kopfsalat
lentejas [len**te**chas]	Linsen
pepino [pe**pi**no]	Gurke
pimiento [pi**mjen**to]	Paprikaschote
pisto manchego [**pis**to man**tsche**go]	Gemüseeintopf aus der Mancha
setas [**se**tas]	Pilze

Quesos — Käse

manchego [man**tsche**go]	Schafskäse aus der Mancha
queso azul [**ke**ßo‿a**θul**]	Blauschimmelkäse
queso de cabra [**ke**ßo de **ka**wra]	Ziegenkäse
queso de oveja [**ke**ßo de‿o**we**cha]	Schafskäse
requesón [reke**ßon**]	Quark/Frischkäse

Postres/Dulces — Desserts/Süßspeisen

churros [**tschu**rros]	fritiertes Spritzgebäck
crema catalana [**kre**ma kata**la**na]	Eier-Vanille-Creme
flan *(m)* [flan]	Karamelpudding
macedonia [ma**θe**donia]	Obstsalat
natillas [na**ti**ljas]	Puddingcreme
tarta de manzanas [**tar**ta de man**θa**nas]	Apfelkuchen
tocino de cielo [to**θi**no de **θje**lo]	„Himmelspeckchen" (Süß- speise aus Zucker und Eigelb)
torta de almendras [**tor**ta de‿al**men**dras]	Mandeltorte
turrón *(m)* [tu**rron**]	Mandelnougat (Weihnachtsspezialität)

▶ (Obst siehe Einkaufen, S. 62 f.)

Helados	Eis
café helado [kafe‿elado]	Eiskaffee
helado [elado]	Eis
de chocolate [de tschokolate]	Schokoladen-
de fresa [de freßa]	Erdbeer-
de limón [de limon]	Zitronen-
de nuez [de nueθ]	Walnuß-
de vainilla [de wainilja]	Vanille-
helado variado [elado warjado]	gemischtes Eis
con frutas [kon frutas]	mit Früchten
con nata [kon nata]	mit Sahne

Die Getränkekarte

Bebidas alcohólicas	Alkoholische Getränke
aguardiente *(m)* [aguardjente]	Schnaps
aperitivo [aperitiwo]	Aperitif
caña [kanja]	kleines Bier
cava *(m)* [kawa]	Sekt
cerveza (de barril) [θerweθa (de barril)]	(Faß-)Bier
champán *(m)* [tschampan]	Champagner
ginebra [chinewra]	Gin
jerez *(m)* [chereθ]	Sherry
Málaga *(m)* [malaga]	Dessertwein
moscatel *(m)* [moskatel]	Muskateller
ponche *(m)* [pontsche]	Punsch
ron *(m)* [ron]	Rum
sangría [sangria]	spanische Rotweinbowle mit Früchten
vino [bino]	Wein
blanco [blanko]	Weißwein
rosado [roßado]	Rose
tinto [tinto]	Rotwein
dulce [dulθe]	süß
seco/semiseco [seko/semißeko]	trocken/halbtrocken

Refrescos	Erfrischungsgetränke
agua mineral [agua mineral]	Mineralwasser
con/sin gas [kon/sin gas]	mit/ohne Kohlensäure
batido de leche [batido de letsche]	Milchmixgetränk
gaseosa [gaßeoßa]	Limonade
horchata [ortschata]	Erdmandelmilch
limonada [limonada]	Limonade
naranjada [naranchada]	Orangenlimonade
tónica [tonika]	Tonic
zumo de fruta [θumo de fruta]	Fruchtsaft
zumo de naranja [θumo de narancha]	Orangensaft

▶ (Warme Getränke siehe Frühstück, S. 44.)

Von Ostern bis Oktober hat der Stierkampf (corrida de toros) Saison. Die Arena von Mijas ist eine unter vielen in Andalusien

Besichtigung

Touristeninformation

Gibt es hier
  ein Fremdenverkehrsamt

  eine Informationsstelle
organisierte Führungen
Stadtrundfahrten?

¿Hay por aquí [ai por‿aki]
  una oficina de turismo
  [una‿ofiθina de turismo]
  una información [una‿informaθjon]
  visitas guiadas [biβitas giadas]
  excursiones? [exkurßjones]

Haben Sie
  einen Stadtplan

  eine Karte der Innenstadt/
  der Umgebung
  einen U-Bahnplan

Prospektmaterial
ein Hotelverzeichnis

ein Restaurantverzeichnis

einen Veranstaltungs-
kalender
  für diese Woche/für die
  Festwoche(n)?

¿Tiene usted [tjene‿uste]
  un plano de la ciudad
  [un plano de la θiuda]
  un mapa del centro/de los alrededores
  [un mapa del θentro/de los alrededores]
  un plano del metro
  [un plano del metro]
  folletos [foljetos]
  una lista de hoteles
  [una lista de‿oteles]
  una lista de restaurantes
  [una lista de restaurantes]
  un calendario de actos
  [un kalendario de‿aktos]
    para esta semana/para la(s) fiesta(s)?
    [para esta semana/para la(s) fjesta(s)]

Können Sie für mich ein
Zimmer reservieren?

¿Me puede reservar un cuarto?
[me puede reßerwar un kwarto]

Welche Sehenswürdigkeiten
gibt es hier?

¿Qué monumentos hay para visitar aquí?
[ke monumentos ai para wißitar aki]

Besichtigung

Altar	altar *(m)* [al**tar**]
Altstadt	centro histórico [θentro˛is**to**riko]
Amphitheater	anfiteatro [anfite**a**tro]
antik	antiguo [an**ti**guo]
Architektur	arquitectura [arkitek**tu**ra]
Arena	arena [a**re**na]
Ausgrabungen	excavaciones *(f)* [exkawa**θ**jones]
Aussicht	vista [**bis**ta]
Aussichtspunkt	mirador *(m)* [mira**dor**]
barock	barroco [ba**rro**ko]
Basilika	basílica [ba**βi**lika]
Berg	montaña [mon**tan**ja]
Bibliothek	biblioteca [biblio**te**ka]
Bild	cuadro/pintura [**kwa**dro/pin**tu**ra]
Botanischer Garten	jardín *(m)* botánico [char**din** bo**ta**niko]
Brücke	puente *(m)* [**puen**te]
Burg	castillo [kas**ti**ljo]
christlich	cristiano [kris**tja**no]
Dach	techo [**te**tscho]
Denkmal	monumento [monu**men**to]
Epoche	época [**e**poka]
Fassade	fachada [fa**tscha**da]
Festung	fortaleza/ciudadela [fortale**θ**a/θiuda**de**la]
Fremdenführer(in)	guía (m/f) [**gi**a]
Friedhof	cementerio [θemen**te**rio]
Garten	jardín *(m)* [char**din**]
Gasse	callejón *(m)* [kalje**chon**]
Gebäude	edificio [edi**fi**θjo]
Gedenkstätte	monumento [monu**men**to]
Gemälde(galerie)	(galería de) pinturas [(gale**ria** de) pin**tu**ras]
Glas	vidrio/cristal *(m)* [**bi**drio/kris**tal**]
gotisch	gótico [**go**tiko]
Grab(mal)	tumba/sepulcro [**tum**ba/se**pul**kro]
Grotte/Höhle	cueva [**kue**wa]
Hafen	puerto [**puer**to]
Hof	patio [**pa**tio]
Inschrift	inscripción *(f)* [inskrip**θjon**]
Insel	isla [**iβ**la]
Jahrhundert	siglo [**si**glo]
Kaiser	emperador [empera**dor**]
Kaiserin	emperatriz [empera**triθ**]
Kapelle	capilla [ka**pi**lja]
keltisch	céltico [**θel**ţiko]
Keramik	cerámica [θe**ra**mika]

Kloster	monasterio/convento [mona**s**terio/kon**wen**to]
König	rey [räi]
Königin	reina [**räi**na]
Kopie	copia [**ko**pia]
Kreuz	cruz *(f)* [kruθ]
Künstler(in)	artista *(m/f)* [ar**tis**ta]
Kunst	arte *(f)* [**ar**te]
Kunstgewerbe	artesanato [arte**ßa**nato]
Landschaft	paisaje *(m)* [pai**ßa**che]
Malerei	pintura [pin**tu**ra]
Malerin	pintora [pin**to**ra]
Markt	mercado [mer**ka**do]
maurisch	moro [**mo**ro]
mittelalterlich	medieval [medie**wal**]
Moschee	mezquita [meθ**ki**ta]
Nationalpark	parque nacional [**par**ke naθio**nal**]
Naturschutzgebiet	reserva natural/reserva ecológica [re**ße**rwa natu**ral**/re**ße**rwa‿eko**lo**chika]
Orgel	órgano [**or**gano]
Original	original *(m)* [orichi**nal**]
Park	parque *(m)* [**par**ke]
Platz	plaza [**pla**θa]
prähistorisch	prehistórico [präis**to**riko]
Rathaus	ayuntamiento [ajunta**mjen**to]
Relief	relieve *(m)* [re**lje**we]
Renaissance	renacimiento [renaθi**mjen**to]
romanisch	románico [ro**ma**niko]
Ruine	ruina [**rui**na]
Rundblick	panorama [pano**ra**ma]
Schlucht	barranco [ba**rran**ko]
See	lago [**la**go]
Skulptur	escultura [eskul**tu**ra]
Stadtmauer	muralla [mu**ral**ja]
Statue	estatua [es**ta**tua]
Stierkampfarena	plaza de toros [**pla**θa de **to**ros]
Stil	estilo [es**ti**lo]
Synagoge	sinagoga [sina**go**ga]
Tal	valle *(m)* [**bal**je]
Tempel	templo [**tem**plo]
Theater	teatro [te**a**tro]
Tor	puerta [**puer**ta]
Turm	torre *(f)* [**to**rre]
Wald	bosque *(m)* [**bos**ke]
Wasserfall	cascada [kas**ka**da]
Weinkeller	bodega [bo**de**ga]
Zoo	parque zoológico [**par**ke θoolo**chi**ko]

Sehenswertes

**Ich möchte/Wir möchten ...
besichtigen.**
  die Kathedrale
  die Kirche
  den Palast
  das Schloß

Quería/Queríamos visitar
[keria/keriamos wisitar]
  la catedral [la katedral]
  la iglesia [la‿igleßia]
  el palacio [el palaθio]
  el castillo. [el kastiljo]

Wann ist die Ausstellung
geöffnet?
Wann schließt das Museum?

¿Cuándo está abierta la exposición?
[kwando‿esta‿awjerta la‿exposiθjon]
¿Cuándo cierra el museo?
[kwando θjerra‿el mußeo]

Gibt es eine (deutsche/
englische) Führung?
Wann beginnt/Was kostet sie?

¿Hay una visita guiada (en alemán/en inglés)?
[ai‿una wißita giada (en aleman/en ingleß)]
¿Cuándo empieza?/¿Cuánto cuesta?
[kwando‿empjeθa/kwanto kuesta]

Wie lange dauert sie?

¿Cuánto tiempo dura? [kwanto tjempo dura]

1/2 Karte(n) bitte, für
Erwachsene/Kinder.
Gibt es eine Ermäßigung für
Kinder/Studenten/Senioren?

Una/Dos entrada para adultos/niños, por favor.
[una/dos entrada para‿adultos/ninjos por fawor]
¿Hay un descuento para niños/estudiantes/
la tercera edad? [ai‿un deskuento para ninjos/
estudjantes/la terθera‿eda]

* ¡Prohibido fotografiar!
[proiwido fotografjar]

Fotografieren verboten!

Darf ich hier filmen?

¿Puedo filmar aquí? [puedo filmar aki]

Haben Sie einen Katalog/
einen Führer in deutscher/
englischer Sprache?

¿Tiene un catálogo/una guía en alemán/
en inglés? [tjene un katalogo/una gia en aleman/
en ingleß]

Ausflüge

Wieviel kostet die Fahrt
nach ...?

¿Cuánto cuesta la excursión a ...?
[kwanto kuesta la‿exkurßjon a]

Ist das Essen/Sind die Eintritt-
spreise extra zu bezahlen?

¿Hay que pagar la comida/las entradas aparte?
[ai ke pagar la komida/las entradas aparte]

**Bitte 2 Plätze für den Ausflug
nach ...**
  heute/morgen/um 10 Uhr.

Dos billetes para la excursión a ...
[dos biljetes para la‿exkurßjon a]
  hoy/mañana/a las diez. [oi/manjana/a las djeθ]

Wann/Wo ist der Treffpunkt?

¿A qué hora/Dónde nos encontramos?
[a ke‿ora/donde nos enkontramos]

Wann kommen wir zurück?

¿Cuándo regresamos? [kwando regreßamos]

Haben wir
  freie Zeit zur Verfügung
  Zeit für Einkäufe?

¿Tenemos [tenemos]
  algún tiempo libre [algun tjempo liwre]
  tiempo para hacer compras?
  [tjempo para‿aθer kompras]

Besichtigen wir auch ...?

¿Visitamos también ...? [bißitamos tambjen]

Nicht nur an der Costa Brava (in der Bucht von Aiguablava) kommen Segler auf ihre Kosten

Urlaub aktiv

Am Strand, im Schwimmbad

Gibt es hier
ein Freibad/ein Hallenbad

einen Bootsverleih?

Ist es weit zum Strand?

Wann ist Ebbe/Flut?

Ist die Strömung (für Kinder) gefährlich?
Gibt es Quallen/Seeigel im Wasser?

Ich möchte/Wir möchten ... mieten.
ein Tret-/Ruderboot

ein Motorboot/ein Segelboot

einen Liegestuhl
einen Sonnenschirm
ein Surfbrett
Wasserski

Was kostet das
pro (halbe) Stunde
pro Tag
pro Woche?

¿Hay por aquí [ai por‿aki]
una piscina/una piscina cubierta
[una pisϴina/una pisϴina kuwjerta]
barcas para alquilar? [barkas para‿alkilar]

¿Está lejos la playa? [esta lechos la plaja]

¿A qué hora tenemos marea baja/marea alta?
[a ke‿ora tenemos marea bacha/marea‿alta]
¿La corriente es peligrosa (para los niños)?
[la korrjente‿es peligroßa (para los ninjos)]
¿Hay medusas/erizos de mar?
[ai medußas/eriϴos de mar]

Quería/Queríamos alquilar
[keria/keriamos alkilar]
una barca de pedales/de remos
[una barka de pedales/de remos]
una lancha motora/un barco de vela
[una lantscha motora/un barko de wela]
una tumbona [una tumbona]
una sombrilla [una sombrilja]
una tabla de surf [una tawla de sörf]
esquís náuticos. [eskis nautikos]

¿Cuánto cuesta [kwanto kuesta]
por (media) hora [por (media) ora]
por día [por dia]
por semana? [por semana]

Warnschilder

¡Aviso de tempestad!	Sturmwarnung
¡Peligro!	Gefahr
¡Prohibido bañarse!	Baden verboten!
¡Prohibido saltar al agua!	Springen verboten!
¡Sólo para nadadores!	Nur für Schwimmer!

Gibt es hier
Segelschulen

Surfschulen
Tauchkurse?

¿Hay por aquí [ai por‿aki]
escuelas de navegación a vela
[eskuelas de nawegaθjon a wela]
escuelas de surf [eskuelas de sörf]
escuelas de buceo? [eskuelas de buθeo]

Ich bin Anfänger(in)/
Fortgeschrittene/r.

Soy principiante/avanzado (-a).
[soi prinθipjante/awanθado (-a)]

Sportarten

Gibt es hier
einen (Mini-)Golfplatz

einen Tennisplatz?

¿Hay por aquí [ai por‿aki]
un campo de (mini-)golf
[un kampo de (mini)golf]
una pista de tenis? [una pista de tenis]

Wo kann man hier
Fahrräder mieten
kegeln
reiten
Squash spielen
Tischtennis spielen?

¿Dónde se puede [donde se puede]
alquilar bicicletas [alkilar biθikletas]
jugar a los bolos [chugar a los bolos]
montar a caballo [montar a kawaljo]
jugar al squash [chugar al skwasch]
jugar al ping-pong? [chugar al ping pong]

Wo kann ich hier einen ...
belegen?
Tenniskurs
Skikurs

¿Dónde puedo hacer aquí
[donde puedo‿aθer aki]
un curso de tenis [un kurßo de tenis]
un curso de esquí? [un kurßo de‿eski]

Kann man hier angeln/baden?

¿Aquí se puede pescar con caña/bañarse?
[aki se puede peskar kon kanja/banjarse]

Ich möchte/Wir möchten ...
ausleihen.
Schlittschuhe
einen Tennisschläger

Quería/Queríamos alquilar
[keria/keriamos alkilar]
patines [patines]
una raqueta de tenis. [una raketa de tenis]

Ich möchte einen Skipaß für
einen Tag/einen halben Tag/
eine Woche.

Quería un pase para el telesquí para un día/
medio día/una semana.
[keria‿un paße para‿el teleski para‿un dia/
medio dia/una semana]

Spielen Sie Schach?

¿Usted juega al ajedrez?
[uste chuega‿al achedreθ]

Kann ich mitspielen?

¿Puedo jugar yo también?
[puedo chugar jo tambjen]

Ich möchte/Wir möchten ...
sehen.
  das Fußballspiel

den Wettkampf
die Regatta

Wann beginnt das Spiel/
das Rennen?

Wo findet es statt?

Quería/Queríamos ver
[keria/keriamos wer]
  el partido de fútbol
  [el partido de futbol]
la competición [la kompetiƟjon]
la regata. [la regata]

¿Cuándo comienza el juego/la carrera?
[kwando komjenƟa‿el chuego/la karrera]

¿Dónde tiene lugar? [donde tjene lugar]

Urlaub aktiv

Ball	pelota; *(groß)* balón *(m)* [pelota/balon]
Basketball	baloncesto [balonƟesto]
Billiard	billar *(m)* [biljar]
Bucht	bahía [baia]
Federball	badmintón *(m)* [badminton]
Fitneßcenter	gimnasio [chimnaßio]
Gymnastik	gimnasia [chimnaßia]
Jogging	footing *(m)* [futing]
Lawine	avalancha [awalantscha]
Loipe	pista de fondo [pista de fondo]
Muschel	concha [kontscha]
Pferd	caballo [kawaljo]
Pony	poney *(m)* [poni]
Sauna	sauna [sauna]
Schatten	sombra [sombra]
Schlauchboot	bote neumático *(m)* [bote näumatiko]
Schlitten	trineo [trineo]
Schnee	nieve *(f)* [njewe]
schnorcheln	bucear con tubo respirador
	[buƟear kon tuwo respirador]
Schwimmflossen	aletas [aletas]
Schwimmflügel	flotadores *(m/Pl)* [flotadores]
Sonnencreme	crema solar [krema solar]
Spielplatz	parque *(m)* infantil [parke‿infantil]
Sport	deporte *(m)* [deporte]
Stadion	estadio [estadio]
Sturm	tempestad *(f)* [tempesta]
Taucherausrüstung	equipo de bucear [ekipo de buƟear]
Umkleidekabine	caseta de baños [kaßeta de banjos]
Volleyball	balónvolea *(m)* [balonwolea]
Wassertemperatur	temperatura del agua [temperatura del‿agua]
Welle	ola [ola]

Natur, Umwelt, Erlebnisreisen

Wir möchten
radwandern

eine Bergtour machen

wandern.

Queríamos [keriamos]
hacer excursiones en bicicleta
[aθer exkurßjones en biθikleta]
hacer una excursión por la montaña
[aθer una exkurßjon por la montanja]
hacer excursiones a pie.
[aθer exkurßjones a pje]

Haben Sie

eine Wanderkarte

eine Radwanderkarte?

¿Tiene (Sing)/Tienen (Pl)
[tjene/tjenen]
un mapa de excursiones
[un mapa de‿exkurßjones]
un mapa de excursiones en bicicleta?
[un mapa de‿exkurßjones en biθikleta]

Gibt es Tourenvorschläge für
diese Region?

¿Hay itinerarios elaborados para esta región?
[ai‿itinerarios elaborados para‿esta rechjon]

Ist die Tour
gut markiert
für Kinder geeignet?

¿El itinerario está [el itinerario‿esta]
bien señalado [bjen senjalado]
apto para niños? [apto para ninjos]

Wieviele Kilometer/Wieviele
Stunden sind es?

¿Cuántos kilómetros/Cuántas horas son?
[kwantos kilometros/kwantas oras son]

Wo finde ich einen Berg-
führer?

¿Dónde encuentro un guía de montaña?
[donde‿enkuentro‿un gia de montanja]

Ist dies der richtige Weg
nach ...?

¿Es el camino para ...? [es el kamino para]

Wie weit ist es noch bis ...?

¿Falta mucho para ...? [falta mutscho para]

Reisen kreativ

Ich möchte ... belegen.
einen Sprach-/Spanischkurs

einen Koch-/Malkurs

einen (Theater-/Tanz-)
Workshop

Quería inscribirme a [keria inskiwirme‿a]
un curso de lenguas/de español
[un kurßo de lenguas/de‿espanjol]
un curso de cocina/de pintura
[un kurßo de koθina/de pintura]
un seminario (de teatro/de baile).
[un seminario (de teatro/de baile)]

Sind noch Plätze frei?

¿Hay todavía plazas libres?
[ai todawia plaθas liwres]

Wo findet der Kurs/
das Seminar statt?

¿Dónde tiene lugar el curso/el seminario?
[donde tjene lugar el kurßo/el seminario]

Wieviele Teilnehmer hat der
Kurs?

¿Cuántos participantes hay en el curso?
[kwantos partiθipantes ai‿en el kurßo]

Wann beginnt/Wieviel kostet
der Kurs?

¿Cuándo empieza/Cuánto cuesta el curso?
[kwando‿empjeθa/kwanto kuesta‿el kurso]

Gibt es eine Kinderbetreuung?

¿Hay guardería para los niños?
[ai guarderia para los ninjos]

Mit der Wallfahrt zur Virgen del Rocío (in der Provinz Huelva), der größten in ganz Spanien, verbindet sich ein ausgelassenes Volksfest

Unterhaltung

Kino, Theater, Oper und Konzert

Welche Filme laufen heute/
morgen im Kino?

¿Qué películas ponen hoy/
mañana en el cine?
[ke pelikulas ponen oi/manjana⌣en el θine]

Ist der Film

¿La película está
[la pelikula⌣esta]

synchronisiert

doblada [dowlada]

in Originalversion mit
Untertiteln?

en voz original con subtítulos?
[en boθ orichinal kon subtitulos]

Wann beginnt

¿A qué hora empieza
[a ke⌣ora⌣empjeθa]

die Vorstellung
der Hauptfilm
das Konzert
die Matinee

la sesión [la seßjon]
la película [la pelikula]
el concierto [el konθjerto]
la función matinal
[la funθjon matinal]

die Ballettaufführung
das Kabarett
die Oper
Operette
das Musical
die Theatervorstellung
der Kartenvorverkauf

el ballet [el balje]
el cabaré [el kaware]
la ópera [la⌣opera]
la opereta [la⌣opereta]
el musical [el musikal]
el teatro [el teatro]
la venta anticipada de entradas
[la wenta⌣antiθipada de entradas]

für das (Musik-)Festival?

para el festival (de música)?
[para⌣el festiwal (de mußika)]

Im Theater

Anfiteatro 2. Rang	**Izquierda** links
Anfiteatro/Galería Rang	**Lateral** Seite
Asiento/Localidad Platz	**Lavabos** Toilette
Centro Mitte	**Palco** Loge
Derecha rechts	**Piso principal** 1. Rang
Entrada Eingang	**Platea** Parkett
Fila Reihe	**Salida de emergencia** Notausgang

Was wird ... gespielt?
heute/morgen abend

dieses Wochenende
im Theater
in der Oper

Wo bekommt man/Wieviel
kosten die Karten?
Gibt es noch Karten an der
Abendkasse?
Gibt es verbilligte Karten?

* ¡Agotado! [ago**t**ado]

Bitte 2 Karten/Plätze
für die Vorstellung
für das Konzert
heute/morgen abend

um 20 Uhr.

Wie lange dauert die
Vorstellung?
Ich möchte bitte ein
Programm.
Gibt es eine Garderobe?

¿Qué ponen [ke po**n**en]
hoy/mañana por la noche
[oi/man**j**ana por la **no**tsche]
este fin de semana [**e**ste fin de se**m**ana]
en el teatro [en el te**a**tro]
en la ópera? [en la‿**o**pera]

¿Dónde se venden/Cuánto cuestan las entradas?
[**don**de se **wen**den/**kwan**to **kue**stan las en**tra**das]
¿Quedan entradas en la taquilla?
[**ke**dan en**tra**das en la ta**ki**lja]
¿Hay entradas a precio reducido?
[ai en**tra**das a pre**θ**io redu**θ**ido]

Ausverkauft.

Dos entradas por favor [dos en**tra**das por fa**wor**]
para la sesión [**pa**ra la se**ß**jon]
para el concierto [**pa**ra‿el kon**θ**jerto]
de hoy/mañana por la noche
[de‿oi/man**j**ana por la **no**tsche]
a las veinte horas. [a las **wäi**nte‿**o**ras]

¿Cuánto tiempo dura la función?
[**kwan**to **tjem**po **du**ra la fun**θ**jon]
¿Me da un programa, por favor?
[me da‿un pro**gra**ma por fa**wor**]
¿Hay un guardarropa? [ai‿un guarda**rro**pa]

Diskothek, Bar und Nachtklub

Gibt es hier
eine Diskothek
ein Tanzlokal
eine (nette) Kneipe
eine Bar
ein Spielkasino
mit (Live-)Musik?

Ist hier noch frei?
Die Getränkekarte, bitte.

¿Hay por aquí [ai por‿a**ki**]
una discoteca [**una** disko**t**eka]
un salón de baile [un sa**lon** de **wai**le]
una tasca (acogedora) [una **t**aska (akoche**do**ra)]
un club nocturno [un klub nok**tur**no]
un casino [un ka**ß**ino]
con música en directo?
[kon **mu**ßika‿en di**rek**to]

¿Este asiento está libre? [**e**ste‿a**ß**jento‿e**s**ta **liwre**]
La carta de vinos, por favor.
[la **kar**ta de **wi**nos por fa**wor**]

Unterhaltung

Aufführung	representación *(f)* [repreßenta**θ**jon]
ausgehen	salir [sa**lir**]
Ballett	ballet [bal**je**]
Band	banda/conjunto [**ban**da/kon**chun**to]
Bar	club nocturno *(m)* [klub nok**tur**no]
Bühne	escena [es**θe**na]
Bühnenbild	escenografía/decorado [esθeno**gra**fia/deko**ra**do]
Bühnenvorhang	telón [te**lon**]
Chor	coro [**ko**ro]
Dirigent	director *(m)* de orquesta [direk**tor** de‿or**kes**ta]
Eintrittskarte	entrada [en**tra**da]
Flamencotanz	baile de flamenco *(m)* [**bai**le de fla**men**ko]
Freilichtkino/-bühne	cine *(m)*/teatro al aire libre [**θi**ne/teatro al‿**ai**re **li**wre]
Garderobe	guardarropa [guarda**rro**pa]
Jazzkonzert	concierto de jazz [kon**θjer**to de tschas]
Kabarett	cabaret *(m)* [kawa**re**]
Kammermusik	música de cámara [**mu**ßika de **ka**mara]
Kasse	caja [**ka**cha]
klatschen	aplaudir [aplau**dir**]; *(rhythmisch)* dar palmadas [dar pal**ma**das]
Komödie	comedia [ko**me**dia]
Opernglas	gemelos *(m/Pl)* [che**me**los]
Orchester	orquesta [or**kes**ta]
Pause	descanso [des**kan**so]
Platzanweiser	acomodador [akomoda**dor**]
Popmusik	música pop [**mu**sika pop]
Premiere	estreno [es**tre**no]
Programmheft	programa [pro**gra**ma]
Regisseur(in)	director(a) de cine [direk**tor**(a) de **θi**ne]
Sänger(in)	cantante *(m/f)* [kan**tan**te]
Schauspieler	actor [ak**tor**]
Schauspielerin	actriz [ak**tri**θ]
Spanisches Singspiel	zarzuela [θar**θue**la]
spielen	jugar [chu**gar**]; *(Instrument)* tocar [to**kar**]
Tänzer	bailarín [baila**rin**]
Tänzerin	bailarina [baila**ri**na]
Vorverkauf	venta anticipada [**ben**ta‿anti**θi**pada]
Zirkus	circo [**θir**ko]
Zugabe!	¡Otra! [**o**tra]

Möchten Sie	**¿Le gustaría** [le gustaria]
tanzen	bailar [bai**lar**]
etwas trinken	tomar algo [to**mar**‿algo]
frische Luft schnappen	tomar el aire [to**mar** el‿**ai**re]
ein wenig spazierengehen?	dar una vuelta? [dar‿una **wuel**ta]
Ich lade Sie ein.	Le invito. [le‿in**bi**to]

Darf ich Sie ... begleiten?	**¿Me permite acompañarla** [me per**mi**te‿akompan**jar**la]
ein Stück	un rato [un **ra**to]
nach Hause	a casa [a **ka**ßa]
ins Hotel	al hotel? [al‿o**tel**]
Möchten Sie noch mit zu mir kommen?	¿Vamos a mi casa? [**ba**mos a mi **ka**ßa]
Vielen Dank für diesen schönen Abend.	Muchas gracias por esta noche tan bella. [**mu**tschas **gra**θias por‿esta **no**tsche tan **bel**ja]
Auf Wiedersehen./Bis morgen.	Adiós./Hasta mañana. [a**djos**/asta ma**nja**na]

Feste und Veranstaltungen

Wann beginnt	**¿Cuándo empieza** [**kwan**do‿em**pje**θa]
das (Volks-)Fest	la fiesta (popular) [la **fje**sta (popu**lar**)]
das Festprogramm	el programa festivo [el pro**gra**ma fes**ti**wo]
die Messe	(Kirche) la misa [la **mi**ßa]; (Handel) la feria [la **fe**ria]
der Umzug/die Prozession	el desfile/la procesión [el des**fi**le/la pro**θe**ßjon]
die Show/Darbietung	el espectáculo [el espek**ta**kulo]
die Zirkusvorstellung?	el circo? [el **θir**ko]
Wo findet die Veranstaltung statt?	¿Dónde tiene lugar la representación? [**don**de **tje**ne lu**gar** la representa**θjon**]
Wie lange wird sie dauern?	¿Cuánto tiempo durará? [**kwan**to **tjem**po du**ra**ra]
Muß man Eintritt bezahlen?	¿Hay que pagar por la entrada? [ai ke pa**gar** por la en**tra**da]
Wo bekomme ich/Was kosten die Karten?	¿Dónde se venden/Cuánto cuestan las entradas? [**don**de se **wen**den/**kwan**to **kue**stan las en**tra**das]

Weihnachten und Neujahr

¡*Feliz Navidad!* [fe**li**θ na**wi**da] wünscht man sich in Spanien zu Weihnachten. Traditionell bekommen spanische Kinder ihre Geschenke nicht am Heiligen Abend, der *Nochebuena* [notsche**wu**ena], sondern erst am Abend des 5. Januar. Dann kommen nämlich die *Reyes Magos* [**rä**ies **ma**gos], die Heiligen Drei Könige, mit Päckchen beladen übers Meer. Das Neue Jahr wird in Spanien traditionell mit den *uvas de la suerte* [**u**was de la **suer**te], den „Glückstrauben" begonnen. Zu jedem der zwölf Glockenschläge in der Silvesternacht ißt man eine Traube, das soll Glück für das kommende Jahr garantieren.

In Spanien bleiben die Läden bis in den Abend hinein geöffnet; dafür wird mittags in der Regel zwischen 13 und 17 Uhr zugesperrt

Einkaufen

Allgemeines

Wo bekomme ich
Filme/Zeitungen?

¿Dónde puedo comprar [donde puedo komprar]
carretes/periódicos? [karretes/perjodikos]

Gibt es hier in der Nähe
eine Bäckerei
ein Lebensmittelgeschäft

eine Metzgerei
einen Supermarkt?

¿Hay por aquí [ai por‿aki]
una panadería [una panaderia]
una tienda de comestibles
[una tjenda de komestiwles]
una carnicería [una karniθeria]
un supermercado? [un supermerkado]

* ¿Qué desea? [ke‿deßea]
* ¿Puedo ayudarle?
[puedo‿ajudarle]

Was wünschen Sie?
Kann ich Ihnen helfen?

Ich möchte mich nur
umsehen.

Quería sólo mirar. [keria solo mirar]

Ich möchte bitte
Briefmarken
Sonnencreme.

Quisiera ..., por favor. [kißjera ... por fawor]
sellos [seljos]
una crema solar.
[una krema solar]

Wieviel kostet das?
Das ist (zu) teuer.
Das gefällt mir (nicht).
Ich nehme es.
Haben Sie etwas Preiswerteres/Größeres/Kleineres?

¿Cuánto cuesta? [kwanto kuesta]
Es (demasiado) caro. [es (demaßjado) karo]
Eso (no) me gusta. [eßo (no) me gusta]
Me lo quedo [me lo kedo]
¿Tiene algo más barato/más grande/más
pequeño? [tjene‿algo mas barato/mas grande/
mas pekenjo]

Lebensmittel

Babynahrung	alimento para bebés [ali**men**to para be**wes**]
Eier	huevos [**ue**wos]
Essig	vinagre *(m)* [bi**na**gre]
(ohne) Farbstoffe	(sin) colorantes [(sin) kolo**ran**tes]
Fisch	pescado [pes**ka**do]
Fleisch	carne *(f)* [**kar**ne]
Gemüse	verduras [ber**du**ras]
Gewürze	especias *(f/Pl)* [espe**θi**as]
Haferflocken	copos de havena [**ko**pos de ̱a**we**na]
Kakao	cacao [ka**ka**o]
Kekse	galletas [gal**je**tas]
Ketchup	ketchup *(m)* [**ket**schup]
Konserven	conservas [kon**ser**was]
(ohne) Konservierungsstoffe	(sin) conservantes *(m/Pl)* [(sin) konser**wan**tes]
Kuchen	pastel *(m)* [pas**tel**]
Margarine	margarina [marga**ri**na]
Mayonnaise	mayonesa [majo**ne**ßa]
Mehl	harina [a**ri**na]
(Voll-/fettarme) Milch	leche *(f)* (entera/semidesnatada) [**le**tsche (en**te**ra/semidesna**ta**da)]
Nüsse	nueces *(f/Pl)* [**nue**θes]
Obst	fruta [**fru**ta]
Öl	aceite *(m)* [a**θäi**te]
Paprika(gewürz)	pimentón *(m)* [pimen**ton**]
Pfeffer	pimienta [pi**mjen**ta]
Saft	zumo [**θu**mo]
Sahne	nata [**na**ta]
Salz	sal *(f)* [sal]
Schokolade(riegel)	(barrita de) chocolate *(m)* [(ba**rri**ta de) tschoko**la**te]
Senf	mostaza [mos**ta**θa]
Toast	tostada [tos**ta**da]
Würstchen	salchicha [sal**tsch**itscha]
Zucker	azúcar *(m)* [a**θu**kar]
Zwieback	bizcocho [bi**θko**tscho]

▶ (Siehe auch Speisekarte, S. 44 ff.)

Obst und Gemüse

Ananas	piña [**pin**ja]
Apfel	manzana [man**θa**na]
Aprikose	albaricoque *(m)* [albari**ko**ke]

Artischocke	alcachofa [alka**tscho**fa]
Aubergine	berenjena [beren**che**na]
Avocado	aguacate [agua**ka**te]
Banane	plátano [**pla**tano]
Basilikum	basilico [ba**ßi**liko]
Birne	pera [**pe**ra]
(grüne/weiße) Bohnen	judías (verdes/blancas)
	[ju**di**as (**wer**des/**blan**kas)]
Brokkoli	brócoli *(m)* [**bro**koli]
Chicorée	endibia [en**di**wia]
Datteln	dátiles *(m)* [**da**tiles]
Erbsen	guisantes *(m)* [gi**ßan**tes]
Erdbeeren	fresas [**fre**ßas]
Erdnüsse	cacahuetes *(m)* [kaka**ue**tes]
Feigen	higos [**i**gos]
Grapefruit	pomelo [po**me**lo]
Gurke	pepino [pe**pi**no]
Himbeeren	frambuesas [fram**bue**ßas]
Karotten	zanahorias [θana**o**rias]
Kartoffeln	patatas [pa**ta**tas]
Kirschen	cerezas [θere**θ**as]
Kiwi	kiwi *(m)* [**ki**wi]
Knoblauch	ajo [**a**cho]
Kohl	col *(m)* [kol]
Lauch/Porree	puerro [**pue**rro]
Mais	maíz [mai**θ**]
Mandarine	mandarina [manda**ri**na]
Mango	mango [**man**go]
(Honig-)Melone	melón *(m)* [me**lon**]
Oliven	aceitunas [aθäi**tu**nas]
Orange	naranja [na**ran**cha]
Paprikaschote	pimiento [pi**mjen**to]
Petersilie	perejil *(m)* [pere**chil**]
Pfirsich	melocotón *(m)* [meloko**ton**]
Pflaume	ciruela [θi**rue**la]
Sellerie	apio [**a**pio]
Spinat	espinacas *(f/Pl)* [espi**na**kas]
Tomate	tomate *(m)* [to**ma**te]
Wassermelone	sandía [san**di**a]
(weiße/blaue) Weintrauben	uvas (blancas/negras) [**u**was (**blan**kas/**ne**gras)]
Zitrone	limón *(m)* [li**mon**]
Zucchini	calabacín *(m)* [kalawa**θin**]
Zwiebel	cebolla [θe**wol**ja]

Kann ich
mit Scheck/Kreditkarte
bezahlen
das umtauschen?

¿Puedo [puedo]
pagar con cheque/tarjeta de crédito
[pagar kon tscheke/tarcheta de kredito]
cambiar eso? [kambjar⌣eßo]

Wo ist der nächste
Geldautomat/
die nächste Bank?

¿Dónde está el cajero automático/
el banco más cercano?
[donde⌣esta el kachero⌣automatiko/
el banko mas θerkano]

* ¿Algo más? [algo mas]

Noch etwas?

Danke, das ist alles.

No gracias, es todo. [no graθias es todo]

Können Sie mir das
einpacken?

¿Me lo puede empaquetar?
[me lo puede⌣empaketar]

Kann ich eine Tragetüte
haben?

¿Me da una bolsa? [me da⌣una bolsa]

Lebensmittel

Ich möchte/Geben Sie mir bitte
ein Stück ...
100 Gramm ...
ein halbes Kilo/ein Kilo ...

einen Liter ...
eine Dose ...
eine Flasche ...

Quería/Déme ..., por favor
[keria/deme ... por fawor]
una pieza de ... [una pjeθa de]
cien gramos de ... [θjen gramos de]
medio kilo/un kilo de ...
[medio kilo/un kilo de]
un litro de ... [un litro de]
una lata de ... [una lata de]
una botella de ... [una botelja de]

Kann ich davon probieren?

¿Puedo probar? [puedo prowar]

* Es un poco más, ¿vale?
[es un poko mas wale]

Darf es etwas mehr sein?

Etwas mehr/weniger bitte.

Un poco más/menos, por favor.
[un poko mas/menos por fawor]

Lassen Sie es so!

Está bien así. [esta bjen⌣aßi]

Bücher, Schreibwaren und Zeitungen

Haben Sie
deutsche Zeitungen/
deutsche Illustrierte
Ansichtskarten
Briefmarken
Briefpapier
Umschläge
Kugelschreiber
Stifte
(deutsche/englische) Bücher

Klebstoff/Klebeband?

¿Tienen [tjenen]
periódicos alemanes/revistas alemanas
[perjodikos alemanes/rewistas alemanas]
postales [postales]
sellos [seljos]
papel de cartas [papel de kartas]
sobres [sowres]
bolígrafos [boligrafos]
lápices [lapiθes]
libros (alemanes/ingleses)
[liwros (alemanes/ingleßes)]
pegamento/cinta adhesiva?
[pegamento/θinta⌣adeßiwa]

Ich hätte gerne
eine Landkarte von ...
einen Stadtplan
einen Reiseführer
eine Wanderkarte

ein Wörterbuch
Spanisch–Deutsch.

Quería [keria]
un mapa de ... [un **ma**pa de]
un plano de la ciudad [un **pla**no de la θiu**da**]
una guía [una **gi**a]
un mapa de excursiones
[un **ma**pa de exkur**ß**jones]
un diccionario español-alemán.
[un dikθio**na**rio‿espanjol ale**man**]

Kleidung und Schuhe

Ich suche
eine Bluse/ein Hemd

ein T-Shirt
eine Hose/einen Rock/
ein Kleid
einen Pullover/eine Jacke

Unterwäsche/Socken

eine Regenjacke
Schuhe/Turnschuhe

    für Damen/Herren/Kinder.

Estoy buscando [estoi bus**kan**do]
una blusa/una camisa
[una **blu**ßa/una ka**mi**ßa]
una camiseta [una kami**ße**ta]
unos pantalones/una falda/un vestido
[**u**nos panta**lo**nes/una **fal**da/un bes**ti**do]
un jersey/una chaqueta
[un cher**ßäi**/**u**na tscha**ke**ta]
ropa interior/calcetines
[**ro**pa‿inter**jor**/kal**θe**tines]
un impermeable [un imperme**aw**le]
zapatos/zapatillas de deporte
[θa**pa**tos/θapa**ti**ljas de de**por**te]
    para señoras/señores/niños.
[**pa**ra sen**jo**ras/sen**jo**res/**nin**jos]

Ich brauche Größe 40.

Ich habe Schuhgröße 39.

Kann ich das probieren?

Wo ist ein Spiegel?

Das paßt (nicht) gut.
Das/Die Farbe gefällt mir
(nicht).
Ich nehme es.
Gibt es noch andere Modelle/
andere Farben?

Necesito la talla cuarenta.
[ne**θe**ßito la **tal**ja kwa**ren**ta]
Calzo el número treinta y nueve.
[**kal**θo el **nu**mero **träin**ta‿i **nue**we]
¿Puedo probármelo? [**pue**do pro**war**melo]

¿Dónde hay un espejo? [**don**de‿ai‿un es**pe**cho]

(No) Queda bien. [(no) **ke**da bjen]
Esto/Este color (no) me gusta.
[**es**to/**es**te ko**lor** (no) me **gus**ta]
Me lo llevo. [me lo **lje**wo]
¿Hay otros modelos/otros colores?
[ai‿**o**tros mo**de**los/**o**tros ko**lo**res]

Es ist
zu klein/groß

zu lang/kurz

zu eng/weit.

Es [es]
demasiado pequeño/grande
[dema**ßja**do‿pe**ke**njo/**gran**de]
desmasiado largo/corto
[dema**ßja**do **lar**go/**kor**to]
demasiado estrecho/ancho.
[dema**ßja**do es**tre**tscho/**an**tscho]

Ist das
echtes Leder
Baumwolle/Wolle/Seide/
Leinen?

¿Es [es]
cuero[**kue**ro]
algodón/lana/seda/lino?
[algo**don**/**la**na/**se**da/**li**no]

Kleidung und Schuhe

Anorak	anorak *(m)* [ano**rak**]
Badeanzug	traje *(m)* de baño [**tra**che de **ban**jo]
Badehose	bañador *(m)* [banja**dor**]
BH	sostén *(m)* [so**sten**]
Bikini	bikini *(m)* [bi**ki**ni]
Feinstrumpfhose	medias [**med**jas]
Gürtel	cinturón *(m)* [θintu**ron**]
Handschuhe	guantes *(m/Pl)* [**guan**tes]
Hut	sombrero [som**bre**ro]
Jeans	tejanos [te**cha**nos]
Jogginganzug	chándal *(m)* [**tschan**dal]
Kniestrümpfe	mini-medias [mini **med**jas]
Krawatte	corbata [kor**wa**ta]
Mütze	gorra [**gorra**]
Sandalen	sandalias [san**da**lias]
Schlafanzug	pijama *(m)* [pi**cha**ma]
Slip *(Damen)*	bragas [**bra**gas]
Slip *(Herren)*	calzoncillos [kalθon**θil**jos]
Stiefel	botas [**bo**tas]
Strohhut	sombrero de paja [som**bre**ro de **pa**cha]
Weste	chaleco [tscha**le**ko]

Wäscherei und Reinigung

Ich möchte das waschen lassen/reinigen lassen.	Quiero que me lo laven/laven en seco. [**kje**ro ke me lo **la**wen/**la**wen en **se**ko]
Wieviel kostet das?	¿Cuánto cuesta? [**kwan**to **kue**sta]
Wann ist es fertig?	¿Cuándo estará listo? [**kwan**do⌣esta**ra li**sto]

Schmuck und Uhren

Meine Kette/Meine Uhr/ Mein Wecker ist kaputt.	Mi collar/Mi reloj/Mi despertador está estropeado. [mi ko**ljar**/mi re**loch**/mi desperta**dor** esta estrope**a**do]
Können Sie das reparieren?	¿Me lo puede arreglar? [me lo **pue**de⌣arre**glar**]

Ich hätte gerne	**Quisiera** [ki**ßje**ra]
eine neue Batterie	una nueva pila [una **nue**wa **pi**la]
ein Armband	una pulsera [una pul**se**ra]
eine Brosche	un broche [un **bro**tsche]
einen Ring	un anillo [un a**nil**jo]
Ohrringe.	unos pendientes. [**u**nos pen**djen**tes]

Ist das
  echt
  aus Silber/aus Gold
  versilbert/vergoldet?

¿Es [es]
  auténtico [au**ten**tiko]
  de plata/de oro [de **pla**ta/de⌣oro]
  plateado/dorado? [plate**a**do/do**ra**do]

Elektro- und Fotoartikel

Ich suche/Ich brauche

  einen Adapter
  eine Batterie
    für den Walkman
    für die Taschenlampe
    für den Fotoapparat

    für die Videokamera

    für das Radio.

Estoy buscando/Necesito
[es**toi** bus**kan**do/ne**θe**βito]
  un adaptador [un adapta**dor**]
  una pila [una **pi**la]
    para el walkman [**pa**ra el **wok**man]
    para la linterna [**pa**ra la lin**ter**na]
    para la cámara fotográfica
      [**pa**ra la **ka**mara foto**gra**fika]
    para la cámara de vídeo
      [**pa**ra la **ka**mara de **wi**deo]
    para la radio. [**pa**ra la **ra**dio]

Ich hätte gern
  einen Farbfilm
  einen Schwarzweißfilm

  einen Diafilm

  mit 24 (36) Aufnahmen

  eine Videokassette
  ein Standardobjektiv
  ein Teleobjektiv.

Quisiera [ki**βje**ra]
  un carrete en color [un ka**rre**te⌣en ko**lor**]
  un carrete en blanco y negro
    [un ka**rre**te⌣en **blan**ko⌣i **ne**gro]
  un carrete de diapositivas
    [un ka**rre**te de diapo**βi**tiwas]
    de veinticuatro (treinta y seis) fotos
    [de wäinti**kwa**tro (**träin**ta⌣i **säis**) **fo**tos]
  una videocasete [**u**na wideo**ka**βete]
  un objetivo estándar [un owche**ti**wo⌣es**tan**dar]
  un teleobjetivo. [un teleowche**ti**wo]

Können Sie mir
  den Film einlegen
  diesen Film entwickeln
  Abzüge anfertigen
    9 mal 9 (13)

    glänzend/matt?

¿Me puede [me **pue**de]
  poner el carrete [po**ner** el ka**rre**te]
  revelar este carrete [rewe**lar** **es**te ka**rre**te]
  hacer copias [a**θer** **ko**pias]
    nueve por nueve (trece)
    [**nue**we por **nue**we (**tre**θe)]
    brillante/mate? [bri**ljan**te/**ma**te]

Machen Sie Paßbilder?

¿Aquí se hacen fotos de pasaporte?
[a**ki** se⌣**a**θen **fo**tos de paβa**por**te]

Wann sind die Fotos fertig?

¿Cuándo estarán listas?
[**kwan**do⌣esta**ran** **lis**tas]

... funktioniert nicht richtig.
  Mein Fotoapparat
  Das Blitzlicht
  Meine Videokamera

... no funciona bien. [no fun**θjo**na bjen]
  Mi cámara [mi **ka**mara]
  El flash [el flasch]
  Mi cámara de vídeo [mi **ka**mara de **wi**deo]

Können Sie einmal nach-
sehen/das reparieren?

¿Puede revisarlo/arreglarlo?
[**pue**de rewi**βar**lo/arre**glar**lo]

Wann kann ich es abholen?

¿Cuándo puedo recogerlo?
[**kwan**do **pue**do reko**cher**lo]

Souvenirs, Kunsthandwerk

Ich suche
ein Reiseandenken
Folklorekleidung
Keramik
Kunstgegenstände
  modern
  antik
  volkstümlich
Lederwaren
Schmuck.

Estoy buscando [estoi buskando]
un recuerdo [un re**kuer**do]
trajes tradicionales [**tra**ches tradiθjo**na**les]
cerámica [θe**ra**mika]
objetos de arte [ob**che**tos de‿**ar**te]
  modernos [mo**der**nos]
  antiguos [an**ti**guos]
  populares [popu**la**res]
artículos de piel [ar**ti**kulos de pjel]
joyas. [**cho**jas]

Was ist typisch für

diese Stadt
diese Gegend
dieses Land?

¿Cuáles son las cosas típicas de
[**kwa**les son las **ko**βas **ti**pikas de)
esta ciudad [esta θi**u**da]
esta región [esta re**chjon**]
este país? [este pa**is**]

Ist das
echt/antik
Kunsthandwerk
aus der Region?

¿Es [es]
auténtico/antiguo [au**ten**tiko/an**ti**guo]
artesanía [arte**βa**nia]
de aquí? [de‿a**ki**]

Ist das handgemacht?

¿Está hecho a mano? [es**ta**‿etscho‿a **ma**no]

Optiker

Meine Brille ist kaputt.

Mis gafas están rotas. [mis **ga**fas es**tan ro**tas]

Können Sie sie reparieren/
mir eine Ersatzbrille geben?

¿Puede arreglármelas/darme unas gafas
de repuesto?
[**pue**de arreg**lar**melas/**dar**me‿unas **ga**fas
de re**pue**sto]

Wann wird die Brille fertig
sein?

¿Cuándo estarán listas las gafas?
[**kwan**do‿esta**ran li**stas las **ga**fas]

CERÁMICA

Tabak und mehr

Natürlich bekommt man im *estanco*, dem spanischen Tabakwarenladen, Zigaretten *(cigarillos)*, Zigarren *(puros)* und Zigarillos *(puritos)*. Außer Tabak führt er aber auch eine Reihe nützlicher Artikel wie etwa Telefonkarten *(tarjetas telefónicas)*, Briefmarken *(sellos)*, Postkarten *(postales)*, Briefumschläge *(sobres)* und anderes Schreibmaterial, nicht jedoch Zeitungen *(periódicos)* und Zeitschriften *(revistas)*.

Ich habe meine Brille/ eine Kontaktlinse verloren.

He perdido mis gafas/una lentilla. [e perdido mis gafas/una lentilja]

Ich bin kurzsichtig/ weitsichtig.

Soy miope/présbita. [soi miope/preswita]

Ich habe rechts/links ... Dioptrien.

Tengo ... dioptrías en el ojo derecho/ en el ojo izquierdo [tengo dioptrias en el ocho deretscho/ en el ocho iθkjerdo]

Ich brauche
eine Sonnenbrille
ein Brillenetui

ein Fernglas
Reinigungslösung

Aufbewahrungslösung

für harte/weiche Kontaktlinsen.

Necesito [neθeßito]
unas gafas de sol [unas gafas de sol]
un estuche para las gafas
[un estutsche para las gafas]
unos prismáticos [unos prismatikos]
un líquido para limpiar
[un likido para limpjar]
un líquido para conservar
[un likido para konserwar]
para lentillas duras/blandas.
[para lentiljas duras/blandas]

Drogerie

Ich hätte gerne
Heftpflaster
Papier(taschen)tücher
eine Hand-/Hautcreme

eine Sonnencreme
mit Lichtschutzfaktor 6/12

einen Lippenstift
ein Shampoo
für normales/trockenes/
fettes Haar
gegen Schuppen
eine Babyflasche
einen Schnuller
Windeln
Babypuder.

Quería [keria]
un esparadrapo [un esparadrapo]
pañuelos de papel [panjuelos de papel]
una crema para las manos/para la piel
[una krema para las manos/para la pjel]
una crema solar [una krema solar]
con factor de protección solar seis/doce
[kon faktor de protekθjon solar säis/doθe]
un pintalabios [pintalawjos]
un champú [un tschampu]
para pelo normal/seco/graso
[para pelo normal/seko/graßo]
contra la caspa [kontra la kaspa]
un biberón [un biweron]
un chupete [un tschupete]
pañales [panjales]
polvos de talco. [polwos de talko]

Tabakwaren

Bitte	Por favor, déme [por fawor deme]
eine Schachtel/	un paquete/un cartón de cigarrillos
Stange Zigaretten	[un pakete/un karton de θigarriljos]
mit/ohne Filter	con/sin filtro [kon/sin filtro]
Pfeifentabak	tabaco de pipa [tawako de pipa]
Streichhölzer	cerillas [θeriljas]
ein Feuerzeug.	un encendedor. [un enθendedor]

Drogerie

Babyflasche	biberón *(m)* [biweron]
Binden (Damenbinden)	vendas (compresas higiénicas)
	[bendas (kompreβas ichjenikas]
Bürste	cepillo [θepiljo]
Deodorant	desodorante *(m)* [deβodorante]
Duschgel	gel *(m)* para ducharse [chel para dutscharse]
Haarspray	laca/spray *(m)* [laka/spräi]
Heftpflaster	un esparadrapo [un esparadrapo]
Kamm	peine *(m)* [päine]
Kondom	condón *(m)* [kondon]
Mückenschutzmittel	repelente *(m)* [repelente]
Nagelfeile	lima de uñas [lima de␣unjas]
Nagelschere	tijeras para las uñas [ticheras para las unjas]
Parfüm	perfume *(m)* [perfume]
Pinzette	pinzas [pinθas]
Präservativ	preservativo [preβerwatiwo]
Rasiercreme/-schaum	crema/espuma de afeitar
	[krema/espuma de␣afäitar]
Rasierklinge	hoja de afeitar [ocha de␣afäitar]
Rasierwasser	loción *(f)* de afeitar [loθjon de␣afäitar]
Schnuller	chupete *(m)* [tschupete]
Seife	jabón *(m)* [chawon]
Shampoo	champú [un tschampu]
Sicherheitsnadel	imperdible *(m)* [imperdiwle]
Spiegel	espejo [especho]
Spülmittel	lavavajillas *(m)* [lawawachiljas]
Tampons	tampones *(m)* [tampones]
Toilettenpapier	papel *(m)* higiénico [papel ichjeniko]
Waschmittel	detergente *(m)* [deterchente]
Watte	algodón *(m)* [algodon]
Windeln	pañales *(m)* [panjales]
Zahnbürste	cepillo [θepiljo]
Zahnpasta	pasta de dientes [pasta de djentes]

Apotheke im Jugendstil – in Barcelona, der Stadt des Modernisme, ist das keine Seltenheit

Praktische Hinweise

Ärztliche Versorgung

Beim Arzt

Ich brauche (schnell) einen Arzt.
Necesito un médico (urgentemente). [neθeßito⌣un mediko (urchentemente)]

Rufen Sie bitte einen Notarzt/ einen Krankenwagen.
Llame a un médico de urgencia/a una ambulancia, por favor. [ljame a un mediko de⌣urchenθia/a⌣una ambulanθia por fawor]

Gibt es hier
  einen Arzt
  einen Frauenarzt
  einen Kinderarzt
  einen Zahnarzt
    der Deutsch/Englisch spricht?

¿Hay por aquí [ai por⌣aki]
  un médico [un mediko]
  un ginecólogo [un chinekologo]
  un pediatra [un pediatra]
  un dentista [un dentista]
    que hable alemán/inglés? [ke⌣awle⌣aleman/ingleß]

Kann der Arzt herkommen?
¿Puede venir el médico? [puede wenir el mediko]

Wann hat er Sprechstunde?
¿A qué hora tiene consulta? [a ke⌣ora tjene konsulta]

Kann ich gleich in die Praxis kommen/hierbleiben?
¿Puedo ir ahora/quedarme? [puedo ir aora/kedarme]

Wann kann ich kommen?
¿Cuándo puedo ir? [kwando puedo ir]

* ¿Qué le pasa? [ke⌣le paßa]
Was fehlt Ihnen?

Mir ist (oft) schlecht/ schwindelig.
Me siento mal/me mareo (con frecuencia). [me sjento mal/me mareo (kon frekuenθia)]

Ich bin gestürzt.
Me he caído. [me⌣e kaido]

Ich habe mich übergeben.
He vomitado. [e womitado]

Ich habe
mich erkältet
eine Allergie
Durchfall
Grippe
Husten
Kopfschmerzen
Bauchschmerzen
Ohrenschmerzen
Halsschmerzen
eine Blasenentzündung
Herzbeschwerden
(hohes) Fieber.

Tengo [tengo]
un resfriado [un refriado]
una alergia [una⌣alerchia]
una diarrea [una diarrea]
gripe [gripe]
tos [toß]
dolor de cabeza [dolor de kaweθa]
dolor de barriga [dolor de barriga]
dolor de oído [dolor de⌣oido]
dolor de garganta [dolor de garganta]
una cistitis [una cistitis]
trastornos cardíacos [trastornos kardiakos]
(mucha) fiebre. [(mutscha) fjewre]

* ¿Desde cuándo tiene fiebre?
[desde kwando tjene fjewre]

Seit wann haben Sie Fieber?

Seit 2 Tagen.

Desde hace dos días. [desde⌣aθe dos dias]

* ¿Dónde le duele?
[donde le duele]

Wo tut es weh?

* No es nada grave.
[no⌣es nada grawe]

Es ist nichts Schlimmes.

Ist der Arm/der Finger
gebrochen?
Ich glaube, das Bein ist
gebrochen.

¿El brazo/El dedo está fracturado?
[el braθo/el dedo esta frakturado]
Creo que la pierna está fracturada.
[kreo ke la pjerna⌣esta frakturada]

Ich vertrage
die Hitze/das Essen nicht.
kein Penicillin.

No aguanto [no agwanto]
el calor/la comida. [el kalor/la komida]
la penicilina. [la peniθilina]

Ich bin (im 4. Monat)
schwanger.

Estoy embarazada (de cuatro meses).
[estoi⌣embaraθada (de kwatro meßes]

Ich nehme regelmäßig
Medikamente.

Tomo medicamentos regularmente.
[tomo medikamentos regularmente]

Können Sie mir
das verschreiben
etwas gegen ... verschreiben?

¿Me puede [me puede]
recetar eso [reθetar eßo]
recetar algo contra ...?
[recetar algo kontra]

Einnahmevorschriften

antes/después de las
comidas
dejar disolver en la boca
disolver en agua
dos/tres veces al día
en ayunas
para uso externo/interno
sin masticar

vor/nach den Mahlzeiten

im Mund zergehen lassen
in Wasser auflösen
2-/3mal täglich
nüchtern
äußerlich/innerlich
unzerkaut

Beim Zahnarzt

Ich habe (starke) Zahn-schmerzen.	Tengo dolores (fuertes) de muelas. [**ten**go do**lo**res (**fuer**tes) de **mue**las]
Ich habe eine Füllung verloren.	Se me perdió un empaste. [se me per**djo**⌣un⌣em**pas**te]

Können Sie	**¿Puede** [**pue**de]
mich gleich behandeln	atenderme ahora mismo [aten**der**me⌣a**o**ra **mis**mo]
mir ein Schmerzmittel geben?	darme algo contra los dolores? [**dar**me⌣**al**go **kon**tra los do**lo**res]
Ich möchte (k)eine Spritze.	(No) Me ponga una inyección. [(no) me **pon**ga⌣**u**na⌣injek**θjon**]

Ärztliche Versorgung

Aids	sida *(m)* [**si**da]
Allergie	alergia [a**ler**chia]
ansteckend	contagioso [konta**chjo**ßo]
Antibiotikum	antibiótico [anti**bjo**tiko]
Aspirin	aspirina [aspi**ri**na]
Attest	certificado [θertifi**ka**do]
Augentropfen	gotas para los ojos [**go**tas **pa**ra los **o**chos]
Ausschlag	erupción *(f)* cutánea [erup**θjon** ku**ta**nea]
Beruhigungsmittel	calmante *(m)* [kal**man**te]
Blinddarmentzündung	apendicitis *(f)* [apendi**θi**tis]
(starke) Blutung	hemorragia (fuerte) [emo**rra**chia (**fuer**te)]
Bruch *(Knochen)*	fractura [frak**tu**ra]
Darmkatarrh	entitis *(f)* [en**ti**tis]
Desinfektionsmittel	desinfectante *(m)* [desinfek**tan**te]
Diabetes	diabetes *(f)* [dia**we**tes]
Diagnose	diagnóstico [diag**no**stiko]
Eiter	pus *(m)* [puß]
Entzündung	inflamación *(f)* [inflama**θjon**]
erbrechen	vómito [**bo**mito]
Erkältung	resfriado [res**fria**do]
Fieber	fiebre *(f)* [**fje**wre]
Gehirnerschütterung	conmoción *(f)* cerebral [konmo**θjon** θe**re**bral]
geschwollen	hinchado [in**tscha**do]
Grippe	gripe *(f)* [**gri**pe]
HIV positiv	VIH positivo [uwe⌣i⌣**a**tsche poßi**ti**wo]
Hustensaft	jarabe *(m)* pectoral [cha**ra**we pekto**ral**]
Impfung	vacuna [ba**ku**na]
Infektion	infección *(f)* [infek**θjon**]
Krankenschwester	enfermera [enfer**me**ra]

Bitte reparieren Sie   ¡Repare ..., por favor [repare ... por fawor]
  den Zahn   el diente [el **dj**en**te**]
  die Brücke   el puente [el **puente**]
  die Krone   la corona [la ko**ro**na]
  die Füllung   el empaste [el em**pas**te]
   nur provisorisch!   sólo provisionalmente!
    [ßolo prowisional**men**te]

Ist es schlimm?   ¿Es grave? [es **gra**we]

Im Krankenhaus

Wo ist   **¿Dónde está** [donde‿es**ta**]
  das nächste Krankenhaus   el hospital más cercano [el‿ospi**tal** mas θer**ka**no]
  die Ambulanz?   la ambulancia? [la‿ambulan**θi**a]

Kreislaufstörung	trastornos de la circulación [tras**tor**nos de la θirkula**θjon**]
Migräne	jaqueca [cha**ke**ka]
Muskelzerrung	distensión *(f)* muscular [disten**ßjon** musku**lar**]
Ohrentropfen	gotas para los oídos [**go**tas **pa**ra los o**i**dos]
Operation	operación *(f)* [opera**θjon**]
Patient(in)	paciente [pa**θjen**te]
Pflaster	esparadrapo [espara**dra**po]
röntgen	hacer una radiografía [a**θer** u**na** radiogra**fi**a]
Salbe	pomada/ungüento *(m)* [po**ma**da/un**guen**to]
Salmonellen	salmonela [salmo**ne**la]
Schlafmittel	somnífero [som**ni**fero]
Schlangenbiß	picadura de serpiente [pika**du**ra de ser**pjen**te]
Schmerzmittel	analgésico [anal**che**ßiko]
Schnupfen	constipado/resfriado [konsti**pa**do/resfri**a**do]
Schweiß	sudor *(m)* [su**dor**]
Seekrankheit	mal de mar [mal de mar]
Sehnenzerrung	distorsión *(f)* de un tendón [distor**ßjon** de‿un ten**don**]
Sonnenstich	insolación *(f)* [insola**θjon**]
Spritze	inyección *(f)* [injek**θjon**]
Übelkeit	náuseas *(f/Pl)* [**nau**ßeas]
Verbrennung	quemadura [kema**du**ra]
Vergiftung	intoxicación *(f)* [intoxika**θjon**]
Verstauchung	distorsión *(f)* [distor**θjon**]
Verstopfung	estreñimiento [estrenji**mjen**to]
Virus	virus *(m)* [**bi**rus]
Wunde	herida [e**ri**da]

i

Verständigen Sie bitte

Herrn/Frau ...
im Hotel ...!

¡Avise *(Sing)*/Avisen *(Pl)* por favor
[awiße/awißen por fawor]
al señor/a la señora ... [al senjor/a la senjora]
en el hotel ...! [en el otel]

Haben Sie Privatzimmer/
Zweibettzimmer?

¿Hay cuartos privados/cuartos de dos camas?
[ai **kwar**tos pri**wa**dos/**kwar**tos de dos **ka**mas]

Wie ist die Diagnose?

¿Cuál es el diagnóstico?
[kwal es el dia**gno**stiko]

Welche Behandlung/Therapie
schlagen Sie vor?

¿Qué tratamiento/terapia propone?
[ke trata**mjen**to/te**ra**pia pro**po**ne]

Wie lange muß ich bleiben?

¿Cuántos días tendré que quedarme?
[**kwan**tos **di**as ten**dre** ke ke**dar**me]

Wann darf ich aufstehen?

¿Cuándo podré levantarme?
[**kwan**do po**dre** lewan**tar**me]

Es geht mir (nicht) besser.

(No) Estoy mejor. [(no) es**toi** me**chor**]

Ich brauche

ein Schmerzmittel
ein Schlafmittel.

Necesito [neθe**ßi**to]
un analgésico [un anal**che**ßiko]
un somnífero. [un som**ni**fero]

Bin ich reisefähig?

¿Puedo viajar? [**pue**do wia**char**]

Ich möchte

den Arzt sprechen

entlassen werden
einen Krankenbericht

eine Bestätigung
für meine Krankenkasse
für meinen Hausarzt.

Quería [ke**ria**]
hablar con el médico
[aw**lar** kon el **me**diko]
que me den de alta [ke me den de **al**ta]
un informe sobre el tratamiento
[un in**for**me sowre el trata**mjen**to]
un certificado [un θerti**fi**kado]
para mi seguro [**pa**ra mi se**gu**ro]
para el médico de cabecera.
[**pa**ra el **me**diko de kawe**θe**ra]

In der Apotheke

Ich suche eine Apotheke.

Estoy buscando una farmacia.
[es**toi** bus**kan**do una far**ma**θia]

Ich habe (k)ein Rezept.

(No) Tengo una receta.
[(no) **ten**go una re**θe**ta]

Ich brauche

etwas gegen Husten/
gegen (Kopf-)Schmerzen

etwas gegen Sonnenbrand

für mich
für Erwachsene
für Kinder.

¡Déme [**de**me]
algo contra la tos/contra los dolores
(de cabeza)
[**al**go **kon**tra la toß/**kon**tra los do**lo**res
(de kawe**θa**)]
algo contra las quemaduras de sol
[**al**go **kon**tra las kema**du**ras de ßol]
para mí [**pa**ra mi]
para adultos [**pa**ra a**dul**tos]
para niños! [**pa**ra **nin**jos]

Ist das Mittel stark/mild?
¿El medicamento es fuerte/suave?
[el medika**men**to‿es **fuer**te/**sua**we]

Wieviele Tabletten/Tropfen muß ich nehmen?
¿Cuántas pastillas/gotas tengo que tomar?
[**kwan**tas pas**til**jas/**go**tas **ten**go ke to**mar**]

Geben Sie mir bitte eine Quittung/einen Durchschlag des Rezepts!
¡Por favor, déme [por fa**wor de**me]
un recibo/una copia de la receta! [un re**θ**iwo/**u**na **ko**pia de la re**θe**ta]

Feiertage und Feste

Ist heute Feiertag/Nationalfeiertag?
¿Hoy es día de fiesta/Fiesta Nacional?
[oi es **di**a de **fje**sta/**fje**sta na**θio**nal]

Welches Fest wird heute gefeiert?
¿Qué fiesta se festeja hoy?
[ke **fje**sta se fe**ste**cha‿oi]

Wann beginnt das Festprogramm?
¿A qué hora empieza el programa festivo?
[a ke‿**o**ra em**pje**θa‿el pro**gra**ma fe**sti**wo]

Wie lange wird es dauern?
¿Cuánto tiempo durará? [**kwan**to **tjem**po du**ra**ra]

Wo findet die Veranstaltung statt?
¿Dónde tiene lugar el espectáculo?
[**don**de **tje**ne lu**gar** el espek**ta**kulo]

Geld und Währung

Kann ich hier mit ... bezahlen?
¿Puedo pagar aquí con [**pue**do pa**gar**‿a**ki** kon]

   Eurocheques
   eurocheques [äuro**tsche**kes]

   Travellerschecks
   cheques de viaje [**tsche**kes de **wja**che]

   Kreditkarte
   tarjeta de crédito? [tar**che**ta de **kre**dito]

(Wo) Gibt es hier
¿(Dónde) Hay por aquí [(**don**de) ai por‿a**ki**]

   eine Bank
   un banco [un **ban**ko]

   eine Wechselstube
   un cambio [un **kam**bio]

   ein Postamt
   una oficina de correos [**u**na ofi**θi**na de ko**rre**os]

   einen Geldautomaten?
   un cajero automático? [un ka**che**ro‿auto**ma**tiko]

Wann/Wie lange hat die Bank geöffnet?

¿A qué hora/Hasta qué hora está abierto el banco?
[a ke‿ora/asta ke‿ora esta‿awjerto‿el banko]

Kann ich hier Geld vom Postsparbuch abheben?

¿Puedo retirar aquí dinero de la libreta postal de ahorro?
[puedo retirar‿aki dinero de la liwreta postal de‿aorro]

* ¿Cuánto quiere?
[kwanto kjere]

Wieviel möchten Sie?

30 000 Peseten.

Treinta mil pesetas. [träinta mil peßetas]

Wie ist der aktuelle Wechselkurs?

¿A cuánto está el cambio actual?
[a kwanto esta el kambio‿aktual]

Welchen Betrag bekomme ich höchstens pro Scheck?

¿Cuál es el importe máximo por cheque?
[kwal es el importe maximo por tscheke]

Wie hoch ist die Gebühr
  pro Scheck
  pro Überweisung?

¿Hay una comisión [ai‿una komißjon]
  para los cheques [para los tschekes]
  para los giros? [para los chiros]

Ich möchte 100 DM/Schilling/Schweizer Franken in Peseten wechseln.

Quería cambiar cien marcos alemanes/chelines/francos suizos en pesetas.
[keria kambjar θjen markos alemanes/tschelines/frankos sui θos en peßetas]

Geben Sie mir bitte auch Münzen!

¡Déme también monedas, por favor!
[deme tambjen monedas por fawor]

* ¡Su tarjeta de cheques, por favor! [su tarcheta de tschekes por fawor]

Ihre Scheckkarte bitte!

* ¡Firme aquí, por favor!
[firme‿aki por fawor]

Bitte unterschreiben Sie hier!

Ist meine Bank-/Postanweisung eingetroffen?

¿Ha llegado mi giro bancario/postal?
[a ljegado mi chiro bankario/postal]

Kriminalität, Polizei

Wo ist das nächste Polizeirevier?

¿Dónde está la comisaría más cercana?
[donde‿esta la komißaria mas θerkana]

Rufen Sie bitte die Polizei!

¡Llame a la policía, por favor!
[ljame‿a la poliθia por fawor]

Man hat mich
  bestohlen
  auf der Straße/am Strand
  überfallen.

Me han [me‿an]
  robado [rowado]
  asaltado en la calle/en la playa.
  [aßaltado‿en la kalje/en la plaja]

Dieser Mann belästigt mich/verfolgt mich.

Este hombre me molesta/me persigue.
[este‿ombre me molesta/me perßige]

Mein Auto ist aufgebrochen worden.

Me han forzado la puerta del coche.
[me‿an forθado la puerta del kotsche]

.. ist gestohlen worden! — **Me han robado** [me‿an rowado]
- Mein Ausweis — el pasaporte [el paßa**por**te]
- Mein Auto — el coche [el **ko**tsche]
- Mein Fahrrad — la bicicleta [la biθi**kle**ta]
- Meine Brieftasche — la cartera [la kar**te**ra]
- Mein Fotoapparat — la cámara fotográfica [la **ka**mara foto**gra**fika]
- Meine Handtasche — el bolso [el **bol**so]
- Meine Schecks/Meine Scheckkarte — los cheques/la tarjeta de cheques [los **tsche**kes/la tar**che**ta de **tsche**kes]
- Meine Armbanduhr — el reloj de pulsera. [el re**loch** de pul**ße**ra]

Ich möchte ... anzeigen. — **Quería denunciar** [keria denunθjar]
- einen Diebstahl — un robo [un **ro**wo]
- einen Betrug — un fraude [un **frau**de]
- einen Überfall — un atraco [un a**tra**ko]
- eine Vergewaltigung — una violación. [**u**na wiolaθjon]

Ich möchte ... sprechen. — **Quería hablar** [keria‿awlar]
- mit einem Anwalt — con un abogado [kon un awo**ga**do]
- mit der (deutschen/österreichischen/Schweizer) Botschaft — con la embajada (alemana/austríaca/suiza). [kon la‿emba**cha**da (ale**ma**na/au**stri**aka/sui**θa**)]

Spricht hier jemand Deutsch/Englisch? — ¿Hay alguien que hable alemán/inglés? [ai‿al**gjen** ke‿awle‿ale**man**/ing**leß**]

Ich brauche — **Necesito** [neθe**ßi**to]
- einen Dolmetscher — un intérprete [un in**ter**prete]
- eine Bescheinigung für meine Versicherung. — un certificado para mi seguro. [un θertifi**ka**do **pa**ra mi se**gu**ro]

Ich bin nicht schuld. — No tengo yo la culpa. [no **ten**go jo la **kul**pa]

Damit habe ich nichts zu tun. — No tengo nada que ver con eso. [no **ten**go **na**da ke‿wer kon‿e**ßo**]

* ¿Cuándo/¿Dónde pasó? [**kwan**do/**don**de pa**ßo**] — Wann/Wo ist es passiert?

* ¡Rellene esto, por favor! [re**lje**ne‿esto por fa**wor**] — Füllen Sie das bitte aus!

* ¡Su dirección (aquí), por favor! [su direk**θjon** (a**ki**) por fa**wor**] — Ihre Adresse (hier) bitte!

Notruf, Notfall

▶ **(Siehe auch Panne, Unfall, S. 25, und Im Krankenhaus, S. 75.)**

* ¡Atención! [atenθjon] — Achtung!

* ¡Peligro (de muerte)! [**pe**ligro (de **muer**te)] — (Lebens-)Gefahr!

* Salida de emergencia [**sa**lida de‿emer**chen**θia] — Notausgang

Hilfe! — ¡Socorro! [so**ko**rro]

Öffnungszeiten

Wann öffnet/schließt
der Supermarkt
das Kaufhaus
das Geschäft
die Bank
das Postamt
das Museum?

¿A qué hora abre/cierra [a ke‿ora‿awre/θjerra]
el supermercado [el supermerkado]
el almacén grande [el almaθen grande]
la tienda [la tjenda]
el banco [el banko]
el correo [el korreo]
el museo? [el muβeo]

Haben Sie mittags geöffnet?

¿Está abierto a mediodía?
[esta‿awjerto‿a mediodia]

Haben Sie einen Ruhetag?

¿Hay un día de descanso?
[ai‿un dia de deskanso]

Post

Wo ist hier bitte
die Post
ein Briefkasten?

Por favor, ¿dónde está [por fawor donde‿esta]
el correo [el korreo]
un buzón? [un buθon]

Ich möchte
10 Briefmarken/Sonder-
marken
    für Karten/Briefe
    nach Deutschland/Öster-
    reich/in die Schweiz
eine Telefonkarte, bitte.

¡Déme [deme]
diez sellos/sellos especiales
[djeθ seljos/seljos espeθjales]
    para postales/cartas [para postales/kartas]
    a Alemania/Austria/Suiza
    [a‿alemania/austria/suiθa]
una tarjeta telefónica, por favor!
[una tarcheta telefonika por fawor]

Per Luftpost.
Per Express.
Per Einschreiben.

Por avión. [por‿awjon]
Urgente. [urchente]
Certificada. [θertifikada]

* Lista de correos.
[lista de korreos]
Ist Post für mich da?

Postlagernd.

¿Hay correo para mí? [ai korreo para‿mi]

Ich möchte ein Päckchen/
ein Telegramm aufgeben.

Quería enviar un pequeño paquete/un
telegrama.
[keria‿embjar un pekenjo pakete/un telegrama]

Wieviel kosten 10 Wörter?

¿Cuánto cuestan diez palabras?
[kwanto kuestan djeθ palawras]

Kann ich hier ein Telefax
nach ... abschicken?
Wieviel kostet eine Seite?

¿Puedo mandar un telefax a ...?
[puedo mandar un telefax a]
¿Cuánto cuesta una página?
[kwanto kuesta‿una pachina]

Radio und Fernsehen

**Auf welcher Frequenz kann
man ... empfangen?**
den Verkehrsfunk
deutsche/englische Radio-
sendungen

¿En qué frecuencia se sintoniza
[en ke frekuenθia se sintoniθa]
la información viaria [la‿informaθjon biaria]
emisiones de radio en alemán/en inglés?
[emiβjones de radio en‿aleman/en‿ingleß]

Um wieviel Uhr gibt es Nachrichten?
¿A qué hora hay las noticias?
[a ke⌣ora⌣ai las noti0ias]

Haben Sie ein Fernsehprogramm?
¿Tiene un programa de la tele?
[tjene⌣un programa de la tele]

Welche Programme sind zu empfangen?
¿Qué programas hay? [ke programas ai]

Telefonieren

(Wo) Kann ich hier
telefonieren
eine Telefonkarte kaufen?

¿(Dónde) Puedo [(donde) puedo]
telefonear [telefonear]
comprar una tarjeta telefónica?
[komprar una tarcheta telefonika]

Gibt es hier
eine Telefonzelle
ein öffentliches Telefon
ein Münz-/Kartentelefon

eine Telefonzelle, in der ich angerufen werden kann?

¿Hay por aquí [ai por⌣aki]
una cabina telefónica [una kawina telefonika]
un teléfono público [un telefono publiko]
un teléfono de monedas/de tarjeta
[un telefono de monedas/de tarcheta]
una cabina, dónde me pueden llamar a mí?
[una kawina donde me pueden ljamar a mi]

Ich möchte nach Deutschland/nach Österreich/in die Schweiz telefonieren.
Quería llamar a Alemania/Austria/Suiza.
[keria ljamar a⌣alemania/austria/sui0a]

Kann ich durchwählen?
¿Hay servicio directo? [ai serwi0io direkto]

Können Sie bitte wechseln?
¿Puede darme cambio? [**puede darme kambio**]

Ich brauche Münzen zum Telefonieren.
Necesito monedas para el teléfono.
[ne0e**ß**ito monedas para⌣el telefono]

Kann ich ein Telefonbuch von ... haben?
¿Me deja una guía telefónica de ...?
[me decha⌣una gia telefonika de]

Bitte ein Ferngespräch nach ...!
¡Una llamada a larga distancia con ...!
[una ljamada⌣a larga distan0ia kon]

Wie lange muß ich warten?
¿Tengo que esperar mucho?
[**tengo ke⌣esperar mu**tscho]

Was kostet eine Minute?
¿Cuánto cuesta un minuto?
[**kwan**to kuesta⌣un minuto]

Gibt es einen günstigen Nachttarif?
¿Hay una tarifa reducida de noche?
[ai⌣una tarifa redu0ida de noche]

Ich möchte ein R-Gespräch anmelden.
Una llamada a cobro revertido, por favor.
[una ljamada⌣a kowro rewertido por fawor]

* ¡Ocupado!/Están comunicando. [okupado/**estan komunikando**]
Besetzt!

Es meldet sich niemand.
No contestan. [no kontestan]

* ¡Díga!/¡Dígame!
[diga/digame]
Hallo!

Guten Tag, hier spricht ...
Buenos días, soy ... [**buenos dias soi**]

Kann ich Herrn/Frau ... sprechen?
¿Puedo hablar con el señor/la señora ...?
[**puedo⌣awlar** kon el se**njor**/la se**njora**]

Telefonieren: wo und wie?

Zum Telefonieren geht man nicht ins Postamt, denn Post *(correos)* und Telefongesellschaft *(telefónica)* sind in Spanien üblicherweise voneinander getrennt. Für Ferngespräche von öffentlichen Telefonzellen *(cabina telefónica)* braucht man entweder einen Vorrat an 100-Peseten-Münzen oder eine Telefonkarte *(tarjeta prepago)*, die u. a. in Supermärkten und Tabakläden erhältlich ist. Übrigens gibt es in nahezu jedem Café oder Restaurant öffentliche Telefone mit Gebührenzählern. Hier kosten die Einheiten etwas mehr als in der Telefónica. Eine Alternative zum teuren Telefongespräch über die Hotelzentrale stellen in größeren Orten auch lizenzierte Telefonläden *(locutorios)* dar; man bezahlt einfach nach Gesprächsende entsprechend dem Zählerstand.

Und so geht's: Zuerst die Auslandsvorwahl 07 wählen, Pfeifton abwarten, dann die Landesvorwahl (Deutschland 49, Österreich 43, Schweiz 41), anschließend die Ortsnetzkennzahl (ohne Null) und die Rufnummer des Fernsprechteilnehmers.

* Al aparato. [al‿aparato]	Am Apparat.
* Lo siento, pero no está. [lo **sjen**to **pe**ro no‿**esta**]	Er/Sie ist leider nicht da.
Sprechen Sie Deutsch/ Englisch?	¿Habla alemán/inglés? [**aw**la‿ale**man**/in**gleß**]
Wann ist er/sie zu sprechen?	¿Cuándo estará? [**kwan**do‿esta**ra**]
Ich rufe später wieder an.	Llamo otra vez más tarde. [**lja**mo **o**tra we**θ** mas **tar**de]
Richten Sie bitte aus, daß ich angerufen habe.	Dígale por favor que he llamado. [**di**gale por fa**wor** ke‿e lja**ma**do]
Meine Nummer ist ...	Mi número es ... [mi **nu**mero‿es]

Toiletten

Wo sind die Toiletten bitte?	¿Dónde están los lavabos, por favor? [**don**de‿**estan** los la**wa**wos por fa**wor**]
Gibt es hier eine öffentliche Toilette?	¿Hay lavabos públicos por aquí? [ai la**wa**wos **pu**blikos por‿a**ki**]
* Señoras (Damas)./Señores (Caballeros). [sen**jo**ras (**da**mas)/ sen**jo**res (kawa**lje**ros)]	Damen./Herren.

Trinkgeld

Ist der Service im Preis inbegriffen?	¿El servicio está incluído? [el ser**wi**θio esta‿in**klui**do]
Wieviel Trinkgeld ist üblich?	¿Cuánto se da de propina? [**kwan**to se da de pro**pi**na]
Das ist für Sie!	¡Es para usted! [es **pa**ra‿us**te**]
Behalten Sie den Rest!	¡Quédese con el resto! [**ke**deße kon el **res**to]
Stimmt so!	Está bien así. [**esta** bjen‿a**ßi**]

Reisewörterbuch
Deutsch–Spanisch

A

Abend la tarde [**tarde**] 12, 16
Abendessen la cena [**θena**] 18, 40
Abfahrt la partida [par**ti**da] 28, 29
Abflug el despegue [des**pe**ge] 30
Abteil el departamento
[departa**men**to] 29
Adresse la dirección [direk**θjon**] 15, 79
Allee la alameda [ala**me**da]
allein solo/-a [**ß**olo/-a]
alles todo [**to**do]
alt viejo/-a [**bje**cho/-a]
Alter la edad [**eda**] 15
Ampel el semáforo [se**ma**foro] 22
Amt la oficina (pública)
[ofi**θi**na (**pu**blika)] 80
anderer/andere otro/-a [**otro**/-a]
anders diferente [dife**ren**te]
Angst el miedo [**mje**do] 72, 78
Anrufbeantworter el contestador
automático [kontesta
dor automa**ti**ko] 82
Anschluß el enlace [en**la**θe] 29
anstrengend fatigoso/-a
[fati**go**ßo/-a] 52
Antiquitäten las antigüedades
[antigue**da**des] 69
Anwalt/Anwältin el/la abogado/-a
[awo**ga**do/-a] 79
Anzug el traje [**tra**che] 66
Apotheke la farmacia [far**ma**θia] 76
Arbeit el trabajo [tra**wa**cho]
Arena *(Stierkampf)* la plaza de toros
[**pla**θa de **to**ros] 51
Arm el brazo [**bra**θo] 73
arm pobre [**po**wre]
Arzt/Ärztin el/la médico/-a
[**me**diko/-a] 25, 72
Aufenthalt la estancia [es**tan**θia] 31
Aufzug el ascensor [asθen**sor**] 38
Augenblick el momento
[mo**men**to] 14
Ausfahrt/Ausgang la salida
[sa**li**da] 29, 30
Ausflug la excursión [la exkur**ßjon**] 52

Auskunft la información
[informa**θjon**] 49
Ausländer/Ausländerin el/la
extranjero/-a [extran**che**ro/-a] 15
Aussicht la vista [**bis**ta] 50
Ausverkauft! ¡Agotado! [ago**ta**do] 57
Ausweis el documento de identidad
[doku**men**to de␣identi**da**] 21, 79
Auto el coche [**ko**tsche] 22, 26
Autobahn (gebührenpflichtig)
la autopista (de peaje)
[auto**pis**ta (de **pea**che)] 22, 24

B

Baby el bebé [be**we**]
Babyfläschchen el biberón
[biwe**ron**] 70, 71
Babysitter/Babysitterin el/la canguro
[kan**gu**ro]
Bad el baño [**ban**jo] 33
Badeanzug el traje de baño
[**tra**che de **ban**jo] 52, 67
Badehose el bañador [banja**dor**] 52, 67
Bäckerei la panadería [panade**ri**a] 61
Bahnhof la estación [esta**θjon**] 28, 29
Bahnsteig el andén [an**den**] 29
Ball la pelota [pe**lo**ta] 55
Ball *(Tanz)* el baile [**bai**le] 15
Bank el banco [**ban**ko] 64, 77
Bargeld el dinero en efectivo
[di**ne**ro en efek**ti**wo] 77
Batterie la batería [bate**ri**a] 26, 67
Bauer/Bäuerin el/la campesino/-a
[kampe**ßi**no/-a] 15
Baum el árbol [**ar**wol] 56
Baumwolle el algodón [algo**don**] 66
Bedienung el servicio [ser**wi**θio] 41
behindert minusválido/-a
[minus**wa**lido/-a] 72
Bein la pierna [**pjer**na] 73
Benzin la gasolina [ga**ßo**lina] 23, 24
Berg la montaña [mon**tan**ja] 50, 56
Beruf la profesión [profe**ßjon**] 15
Bescheinigung el certificado
[θertifi**ka**do] 76, 79

Beschwerde la queja [**ke**cha] 42
besetzt ocupado [oku**pa**do] 24
Besichtigung la visita [bi**ßi**ta] 49
Besitzer/Besitzerin el/la
  propietario/-a [propie**ta**rio/-a]
  32, 40
Besteck el cubierto [ku**wj**erto] 43
betrunken borracho [bo**rra**tscho]
Bett la cama [**ka**ma] 38
Bier la cerveza [θer**we**θa] 48
Bild el cuadro [**kwa**dro] 50
billig barato/-a [ba**ra**to/-a] 61
bißchen, ein un poco [un **po**ko]
bitte por favor [por fa**wor**]
bitte (keine Ursache) de nada
  [de **na**da]
Blitz (Foto) el flash [flasch] 68
Blume la flor [flor]
Blut la sangre [**sa**ngre] 74
Boden el suelo [**sue**lo] 56
böse malo/-a [**ma**lo/-a]
Boot la barca [**bar**ka] 53
Botschaft la embajada
  [emba**cha**da] 79
brennen arder [ar**der**]
Brief la carta [**kar**ta] 80
Briefkasten el buzón [bu**θon**] 80
Briefmarke el sello [**se**ljo] 61, 80
Brieftasche la cartera [kar**te**ra] 79
Brille las gafas [**ga**fas] 69, 70
Bruder el hermano [er**ma**no] 13
Brücke el puente [**pue**nte] 50, 75
Buch el libro [**li**wro] 64
Buchhandlung la librería
  [liwr**e**ria] 64
Bucht la bahía [ba**ia**] 55
Burg el castillo [ka**sti**ljo] 50
Bus el autobús [auto**wus**] 16, 29

C

Café el bar [bar] 40
Campingplatz el camping
  [**kam**ping] 36
Charterflug el vuelo chárter
  [**bue**lo **tschar**ter] 30
Cousin/Cousine el/la primo/-a
  [**pri**mo/-a] 13

D

daheim en casa [en **ka**ßa]
Damen las señoras [se**njo**ras]
Damentoilette damas [**da**mas] 83
danke gracias [**gra**θias] 13, 14

Datum la fecha [**fe**tscha] 18
Decke la manta [**man**ta] 35
Decke (Zimmer) el techo [**te**tscho] 32
defekt estropeado/-a
  [estrope**a**do/-a] 27, 34
Deodorant el desodorante
  [deßodo**ra**nte] 71
deutsch alemán [ale**man**] 13, 52
Deutsche Mark el marco alemán
  [**mar**ko‿ale**man**] 78
Deutscher/Deutsche el alemán/
  la alemana [ale**man**/ale**ma**na] 13
Deutschland Alemania
  [ale**ma**nia] 13, 15
dick gordo/-a [**gor**do/-a]
Diebstahl el robo [**ro**wo] 78, 79
Dienstag el martes [**mar**tes] 18
dieses/diese este/-a [**es**te/-a]
Diesel el gasoil [ga**ßoil**] 24
Ding la cosa [**ko**ßa]
direkt directo/-a [di**rek**to/-a]
Direktor/Direktorin el/la director/-a
  [direk**tor**/-a] 32
Diskothek la discoteca
  [disko**te**ka] 41, 58
Dolmetscher/Dolmetscherin
  el/la intérprete [in**ter**prete] 78
Donnerstag el jueves [**chue**wes] 18
Dorf la aldea [al**de**a] 22
dringend urgente [ur**che**nte] 72
Drogerie la droguería [droge**ri**a] 70, 71
dünn delgado/-a [del**ga**do/-a]
dunkel oscuro/-a [o**sku**ro/-a] 20
Durchgang el paso [**pa**ßo] 22
Durst la sed [sed] 48
Dusche la ducha [**du**tscha] 33, 36

E

Ebene la llanura [lja**nu**ra] 56
Ehefrau la esposa [es**po**ßa] 13
Ehemann el marido [ma**ri**do] 13
Eingang la entrada [en**tra**da] 22, 28
einkaufen ir de compras
  [ir de **kom**pras] 36, 61
Eintritt(skarte) la entrada
  [en**tra**da] 52, 58
einverstanden vale [**ba**le]
Einwohner/Einwohnerin
  el/la habitante [awi**ta**nte]
Elekrohandlung los electrodomésticos
  [elektrodo**me**stikos] 68
Eltern los padres [**pa**dres] 13
Endstation la terminal [termi**nal**] 29

England Inglaterra [ingla**terra**] 13
englisch inglés/inglesa
  [ingl**eß**/ingl**e**ßa] 13, 52
Enkel/Enkelin el/la nieto/-a
  [**nje**to/-a] 13
Entschuldigung! ¡Perdón!
  [per**don**] 14, 30
Erde la tierra [**tje**ra]
Erdgeschoß la planta baja
  [**plan**ta **wa**cha] 32
ernst serio/-a [**se**rio/-a]
erschöpft agotado/-a [ago**ta**do/-a]
Erwachsener el adulto [a**dul**to] 29, 52
Erzählung el cuento [**kuen**to]
Erziehung la educación [eduka**θjon**]
Esel el burro [**burro**]
eßbar comestible [kome**sti**wle]
Essen la comida [ko**mi**da] 40, 73

F

Fabrik la fábrica [**fa**brika]
Fahrer el conductor
  [konduk**tor**] 27, 29
Fahrkarte el billete [bi**lje**te] 28, 29
Fahrplan el horario [o**ra**rio] 27, 29
Fahrrad la bicicleta [biθi**kle**ta] 22, 26
falsch falso/-a [**fal**ßo/-a]
Familie la familia [fa**mi**lia] 12
Fan el aficionado [afiθjo**na**do] 54
Farbe el color [ko**lor**] 20, 66
faul perezoso/-a [pereθo**ßo**/-a]
Fehler el error [e**rror**]
Feiertag el día festivo [**dia** fe**sti**wo] 77
Feld el campo [**kam**po] 56
Ferien las vacaciones [bakaθ**jo**nes] 14
fertig listo/-a [**li**sto/-a]
Fest la fiesta [**fje**sta] 60, 77
feucht húmedo/-a [**u**medo/-a]
Feuer el fuego [**fue**go] 79
Feuerlöscher el extintor [extin**tor**] 79
Feuerwehr los bomberos
  [bom**be**ros] 25
Finger el dedo [**de**do] 73
Firma la empresa [em**pre**ßa]
Fischgeschäft la pescadería
  [peskade**ri**a] 64
Flasche la botella [bo**te**lja] 42, 64
Flaschenöffner el abridor [awri**dor**] 61
Flirt el flirteo [flir**te**o]
Flohmarkt el rastro [**ra**stro] 61
Flug el vuelo [**bue**lo] 30
Flughafen el aeropuerto
  [aero**puer**to] 22, 31

Fluß el río [**rio**] 56
Formular el impreso [im**pre**ßo] 21, 78
Fotoapparat la cámara fotográfica
  [**ka**mara foto**gra**fika] 68, 79
Frage la pregunta [pre**gun**ta] 16
Frau la mujer [mu**cher**] 12, 13
frei libre [**li**wre]
Freitag el viernes [**bjer**nes] 18
Fremdenverkehrsamt la oficina de
  turismo [ofi**θi**na de tu**ris**mo] 49
Freund/Freundin el/la amigo/-a
  [a**mi**go/-a] 12, 14
frisch fresco/-a [**fre**sko/-a]
Friseur/Friseuse el/la peluquero/-a
  [pelu**ke**ro/-a]
früh temprano [tem**pra**no] 18
Frühling la primavera [prima**we**ra] 18
Frühstück el desayuno
  [deßa**ju**no] 18, 33
Führerschein el carné de conducir
  [kar**ne** de kondu**θir**] 21
Führung la visita [bi**ßi**ta] 49, 52
Fundbüro la oficina de objetos
  perdidos [ofi**θi**na de obchetos
  perdidos] 78
Fuß el pie [pje] 74
Fußball el fútbol [**fut**wol] 55
Fußgänger el peatón [pea**ton**]

G

Gabel el tenedor [tene**dor**] 43
Garage el garage [ga**ra**che] 34, 38
Garten el jardín [char**din**]
geboren nacido/-a [na**θi**do/-a] 18
Gebühr la tasa [**ta**ßa] 78
Geburtstag el cumpleaños
  [kumple**an**jos] 14, 18
Gefahr el peligro [pe**li**gro] 54
gehen ir [ir]
Geld el dinero [di**ne**ro] 34, 77
Geldbeutel el monedero
  [mone**de**ro] 77
Geldwechsel el cambio
  [**kam**bio] 34, 78
Gemüse las verduras [ber**du**ras] 47, 62
geöffnet abierto/-a [a**wjer**to/-a] 80
Gepäck el equipaje [eki**pa**che] 30, 38
Gepäckaufbewahrung la consigna
  [kon**si**gna] 29
geradeaus derecho [de**re**tscho]
Gericht *(Essen)* el plato [**pla**to] 42
Geruch el olor [o**lor**] 64
Geschenk el regalo [re**ga**lo] 21

geschlossen cerrado/-a [θerrado/-a] 80

Geschwindigkeit la velocidad [beloθida] 21

gesund sano/-a [sano/-a]

Gesundheit la salud [salu] 72

Getränk la bebida [bewida] 42, 48

getrennt separado/-a [separado/-a]

Gewicht el peso [peßo] 61

Gewitter la tempestad [tempesta] 20

giftig venenoso/-a [benenoßo/-a]

Glas *(Scheibe)* el vidrio [bidrio] 50

Glas *(Trink-)* el vaso [baßo] 43

Glas *(Wein-)* la copa [kopa] 42, 43

glücklich feliz [feliθ]

Grad el grado [grado] 20

Gramm el gramo [gramo] 19, 64

gratulieren felicitar [feliθitar] 14

Grenze la frontera [frontera] 21

groß grande [grande]

Großvater/Großmutter el/la abuelo/-a [awuelo/-a] 13

grüßen saludar [saludar] 12, 13

Grund la razón [raθon]

Gruppe el grupo [grupo]

gültig válido [balido] 21, 27

Gürtel/Gurt el cinturón [θinturon] 67

gut bueno/-a [bueno/-a]; *(Adv)* bien [bjen]

H

Haar el pelo/el cabello [pelo/kaweljo] 70

haben tener [tener]

häßlich feo/-a [feo/-a]

Hafen el puerto [puerto] 22, 31

halb medio/-a [medio/-a]

Hallo! ¡Hola! [ola] 12, 13

Halt! ¡Alto! [alto]

Haltestelle la parada [parada] 28

Handschuhe los guantes [guantes] 67

Handtasche el bolso [bolßo] 79

Handtuch la toalla [toalja] 34, 38

hart duro/-a [duro/-a]

Haus la casa [kaßa] 35

Haushaltswaren los artículos domésticos [artikulos domestikos] 61

Heimat la patria [patria]

heiß caliente [kaljente] 20, 42

heißen llamarse [ljamarse] 32

Heizung la calefacción [kalefakθjon] 34, 38

helfen ayudar [ajudar] 25

hell claro/-a [klaro/-a] 20

Hemd la camisa [kamißa] 20, 66

Herbst el otoño [otonjo] 18

Herein! ¡Adelante!/¡Pase! [adelante/paße]

Herr el señor [senjor] 12

Hilfe! ¡Socorro! [sokorro] 14, 27

Himmel el cielo [θjelo] 20

Hobby la afición [afiθjon]

hoch alto/-a [alto/-a]

Hochzeit la boda [boda]

hoffen esperar [esperar]

Holz la madera [madera]

Holz *(Brennholz)* la leña [lenja] 36

Hose los pantalones [pantalones] 20

Hotel el hotel [otel] 28, 32

hübsch bonito/-a [bonito/-a]

Hund el perro [perro] 36

Hunger el hambre *(f)* [ambre] 40

Hut el sombrero [sombrero] 67

I

Imbiß la merienda [merjenda] 40

immer siempre [sjempre]

inklusiv incluído/-a [inkluido/-a] 83

Insel la isla [ißla] 50

intelligent inteligente [intelichente]

interessant interesante [intereßante] 52

J

ja sí [si]

Jacke la chaqueta [tschaketa] 66

Jahr el año [anjo] 19

Jahreszeit la estación [estaθjon] 18

Jeans los tejanos [techanos] 67

Jogginganzug el chándal [tschandal] 67

Jugendherberge el albergue juvenil [alwerge chuwenil] 38

jung jóven [chowen]

Junge el chico [tschiko]

Junggeselle el soltero [soltero] 14

K

Kabine la cabina [kawina] 31

kalt frío/-a [frio/-a] 20, 42

Kamera la cámara [kamara] 68

Kamm el peine [päine] 71

Kapelle la capilla [kapilja] 50

kaputt roto/-a [roto/-a] 67

Kasse la caja [kacha] 59

Kathedrale la catedral [katedral] 52

Katze el gato [**ga**to] 36
kaufen comprar [kom**prar**] 61
Kaufhaus el almacén grande [alma**θ**en **gran**de] 80
Kaution la caución [kau**θ**jon] 23
Kellner/Kellnerin el/la camarero/-a [kama**rer**o/-a] 41
Kilo el kilo [**kil**o] 19, 64
Kilometer el kilómetro [ki**lo**metro] 16, 23
Kind el/la niño/-a [**nin**jo/-a] 12, 13
Kino el cine [**θ**ine] 15, 57
Kiosk el kiosko [**kios**ko] 61
Kirche la iglesia [i**gle**βia] 52
Kissen la almohada [almo**a**da] 35, 38
klar claro/-a [**klar**o/-a]
Kleid el vestido [be**stid**o] 66
Kleidung los vestidos [be**stid**os] 66, 67
klein pequeño/-a [pe**ken**jo/-a]
Klimaanlage el aire acondicionado [aire‿akondi**θ**io**nad**o] 38
Kloster el monasterio [mona**ster**io] 51
Kneipe la tasca [**tas**ka] 40
Knopf el botón [bo**ton**] 61
Koch/Köchin el/la cocinero/-a [ko**θ**i**ner**o/-a] 40
Körper el cuerpo [**kuer**po] 74
Koffer la maleta [ma**let**a] 21, 31
Kofferkuli el carrito (para equipajes) [**kar**rito (para‿eki**pa**ches)] 29
Konditorei la pastelería [paste**ler**ia] 40
Kondom el condón [kon**don**] 71
Konzert el concierto [kon**θ**jer**to] 16, 57
Kopf la cabeza [ka**weθ**a] 67
Korkenzieher el sacacorchos [saka**kor**tschos] 61
Kosmetiksalon el salón de belleza [sa**lon** de belje**θ**a]
kosten costar [ko**star**] 16, 31
krank enfermo/-a [en**fermo**/-a] 72
Krankenhaus el hospital [ospi**tal**] 75
Krankenwagen la ambulancia [ambu**lan**θia] 25, 72
Krawatte la corbata [kor**wat**a] 67
Kreditkarte la tarjeta de crédito [tar**che**ta de **kred**ito] 33, 77
Kreuzfahrt el crucero [kru**θer**o] 31
küssen besar [be**βar**]
Küste la costa [**kos**ta] 53
Kultur la cultura [kul**tur**a] 49, 57
Kunstgalerie la galería de arte [gale**ria** de‿**ar**te] 52

Kunsthandwerk la artesanía [arte**β**ania] 69
kurz corto/-a [**kor**to/-a]
Kuß el beso [**be**βo]

L

Laden la tienda [**tjen**da] 61
Länge la longitud [lonchi**tu**] 19
Lärm el ruido [**ruid**o] 34
Land el país [**pais**] 69
Landgut la finca (rústica) [**fin**ka (**rusti**ka)] 32
Landkarte el mapa [**mapa**] 49, 66
Landschaft el paisaje [pai**βa**che] 51
Landstraße la carretera [karre**ter**a] 21
Landung el aterrizaje [aterri**θ**ache] 30
lang largo/-a [**largo**/-a]
langsam lento/-a [**len**to/-a]
langweilig aburrido/-a [awu**rrid**o/-a]
Lastwagen el camión [ka**mjon**] 22
laut alto/-a [**alto**/-a] 34
leben vivir [bi**wir**]
Lebensmittel los comestibles [kome**sti**wles] 62, 64
Leder el cuero [**kuer**o] 66, 69
ledig soltero/-a [sol**ter**o/-a] 14
leer vacío/-a [ba**θ**io/-a]
leicht fácil [**fa**θil]
leicht *(Gewicht)* ligero/-a [li**cher**o/-a]
Leinen el lino [**lin**o] 66
leise bajo/-a [**ba**cho/-a]
Leute la gente [**chen**te]
Licht la luz [**luθ**] 34, 38
Liebe el amor [a**mor**]
lieben amar [a**mar**]
Liegestuhl la tumbona [tum**bon**a] 53
Liegewagen el coche-literas [**kot**sche li**ter**as] 30
Linienflug el vuelo de línea [**buel**o de **lin**ea] 30
links a la izquierda [a la‿i**θ**kjerda]
Lippenstift el lápiz de labios [**la**piθ de **la**wios] 70, 71
Löffel la cuchara [ku**tschar**a] 43
Luft el aire [**aire**] 20, 26
Luftmatratze el colchón neumático [kol**tschon** näuma**ti**ko] 53

M

Mädchen la chica [**tschi**ka]
Mahlzeit la comida [ko**mid**a] 40
Make-up el maquillaje [maki**lja**che] 70
Mann el hombre [**om**bre] 12

Mantel el abrigo [awrigo] 66
Markt(halle) el mercado [merkado] 51
Medikament el medicamento
   [medikamento] 73
Meer el mar [mar] 53
Meeresfrüchte los mariscos
   [mariskos] 45
Mensch el hombre [ombre]
Messer el cuchillo [kutschiljo] 43
Meter el metro [metro] 19
Metzgerei la carnicería [karniθeria] 61
Minute el minuto [minuto] 16, 82
Mittag el mediodía [mediodia] 17, 19
Mittagessen el almuerzo
   [almuerθo] 18, 40
Mittwoch el miércoles [mjerkoles] 18
Mode la moda [moda] 66
modern moderno/-a [moderno/-a]
Möbel los muebles [muewles] 61
möglich posible [poβiwle]
Moment el momento [momento]
Monat el mes [meß] 18, 19
Montag el lunes [lunes] 18
Morgen la mañana [manjana] 12, 19
Motor el motor [motor] 26, 27
Motorrad la moto [moto] 22, 26
Mücke el mosquito [moskito] 72
müde cansado/-a [kanßado/-a]
Müll la basura [baßura] 39
Münze la moneda [moneda] 39, 82
Mütze el gorro [gorro] 67
Musik la música [mußika] 57, 58
Mutter la madre [madre] 13

N

nachmittags por la tarde
   [por la tarde] 19
Nachrichten las noticias [notiθias] 82
Nacht la noche [notsche] 12, 19
Nachtisch el postre [postre] 47
nackt desnudo/-a [desnudo/-a]
Nagelfeile la lima de uñas
   [lima de‿unjas] 71
Nagellack el esmalte [esmalte] 70
nahe cerca [θerka]
Nahverkehrszug el tren de cercanías
   [tren de θerkanias] 29
Name el nombre [nombre] 25, 40
Name *(Nachname)* el apellido
   [apeljido] 12
naß mojado/-a [mochado/-a]
Natur la naturaleza [naturaleθa] 56
Neffe el sobrino [sowrino] 13

nehmen tomar [tomar]
nein no [no]
neu nuevo/-a [nuewo/-a]
Neujahr el Año Nuevo
   [anjo nuewo] 14, 60
nicht no [no]
Nichte la sobrina [sowrina] 13
Nichtraucher no fumadores
   [no fumadores] 30, 31
nichts nada [nada]
nie jamás [chamaß]
niedrig bajo/-a [bacho/-a]
niemand nadie [nadje]
nötig necesario [neθeßario]
Norden el norte [norte] 22
normal normal [normal]
Notar el notario [notario] 79
Notausgang la salida de emergencia
   [salida de‿emerchenθia] 27, 57
Notbremse el freno de alarma
   [freno de‿alarma] 27, 29
Notrufsäule el poste de socorro
   [poste de sokorro] 79
Nummer el número [numero] 31, 41

O

Ober el camarero [kamarero] 41
Obst la fruta [fruta] 62
Obstgeschäft la frutería [fruteria] 61
Öffnungszeiten las horas de apertura
   [oras de‿apertura] 52, 80
Österreich Austria [austria] 13, 80
österreichisch austríaco/-a
   [austriako/-a] 13, 52
offen abierto/-a [awjerto/-a]
Ohrringe los pendientes
   [pendjentes] 67
Onkel el tío [tio] 13
Optiker el óptico [optiko] 69
Ort el lugar [lugar] 22
Osten el este [este] 22
Ostern Páscua [paskua] 14

P

Päckchen el pequeño paquete
   [pekenjo pakete] 80
Palast el palacio [palaθio] 52
Panne la avería [aweria] 25
Papiere los papeles [papeles] 21
Parfüm el perfume [perfume] 71
Park el parque [parke] 51
Parkplatz el aparcamiento
   [aparkamjento] 24, 34

Paß el pasaporte [paßaporte] 21
Personalausweis el carné de identidad
[karne de identida] 21
Pfingsten Pentecostés
[pentekostes] 14, 60
Pflanze la planta [planta] 56
Pinzette las pinzas [pinθas] 71
Platz la plaza [plaθa] 22, 51
Platz *(Sitz-)* el asiento
[aßjento] 30, 31
Politik la política [politika]
Polizei la policía [poliθia] 25, 78
Polizist el policía [poliθia] 25, 78
Postkarte la postal [postal] 70
Postleitzahl el código postal
[kodigo postal] 80
Präservativ el preservativo
[preßerwatiwo] 71
Preis el precio [preθio] 83
Programm el programa
[programa] 58, 82
Promille por mil [por mil] 78
Puder los polvos [polwos] 70
Pullover el jersey [cherßäi] 66

Q
Qualität la calidad [kalida] 40, 61
Qualle la medusa [medußa] 53
Quittung el recibo [reθiwo] 43, 77

R
Rabatt el descuento [deskuento] 61
Rasen el césped [θespe]
Rasierapparat la máquina de afeitar
[makina de afäitar] 68
Rasierklingen las hojas de afeitar
[ochas de afäitar] 71
Rathaus el ayuntamiento
[ajuntamjento] 51
Raum la sala [ßala] 32, 49
Rechnung la cuenta [kuenta] 35, 43
rechts a la derecha [a la deretscha]
Regen la lluvia [ljuwia] 20
Regenschirm el paraguas
[paraguas] 61
Regierung el gobierno [gowjerno]
reich rico/-a [riko/-a]
Reifen el neumático [näumatiko] 26
Reihe la fila [fila] 30, 57
Reinigung el lavado en seco
[lawado en seko] 67
Reinigung *(Geschäft)* la tintorería
[tintoreria] 67

Reisebüro la agencia de viajes
[achenθia de wjaches] 49
Reiseführer/Reiseführerin el/la guía
[gia] 50
Reisescheck el cheque de viaje
[tscheke de wjache] 34, 77
Reißverschluß la cremallera
[kremaljera] 61
Restaurant el restaurante
[restaurante] 40, 49
Rezept la receta [reθeta] 76, 77
Rezeption la recepción [reθepθjon] 32
richtig correcto/-a [korrekto/-a]
Richtung la dirección [direkθjon] 28
Risiko el riesgo [rjesgo] 22, 53
Rock la falda [falda] 66
Rucksack la mochila [motschila] 56
rufen llamar [ljamar]
Ruhe el silencio [silenθio] 16
ruhig tranquilo [trankilo]
Rundfahrt la vuelta [buelta] 49

S
Saal la sala [ßala]
Sache la cosa [koßa]
Sakko la chaqueta [tschaketa] 66
Samstag el sábado [ßawado] 18
Sandalen las sandalias [sandalias] 67
satt satisfecho/-a [satisfetscho/-a]
sauber limpio/-a [limpio/-a]
Schadensersatz la indemnización
[indemniθaθjon] 25
Schaffner el revisor [rewißor] 27, 29
Schal el chal [tschal] 66
Schallplatte el disco [disko] 61
Schalter la ventanilla
[bentanilja] 27, 29
Schaufenster el escaparate
[eskaparate] 61
Scheck el cheque [tscheke] 33, 78
Schere las tijeras [ticheras] 61
Scherz la broma [broma]
Schiff el barco [barko] 31
Schild *(Verkehr)* la señal
[senjal] 23
schlafen dormir [dormir] 32
Schlafwagen el coche-cama
[kotsche kama] 30
schlank delgado/-a [delgado/-a]
schlecht malo/-a [malo/-a]
Schließfach la consigna automática
[konßigna automatika] 30
Schloß el palacio [palaθio] 52

Schloß *(Tür-)* la cerradura [θerradura] 34
Schlüssel la llave [ljawe] 34, 39
Schmerz el dolor [dolor] 76
Schmuck las joyas [chojas] 67, 69
schmutzig sucio/-a [suθio/-a] 34
schnell rápido/-a [rapido/-a]
Schnuller el chupete [tschupete] 70, 71
schön bello/-a [beljo/-a]
schrecklich terrible [terriwle]
Schreibwarengeschäft la papelería [papeleria] 64
schriftlich por escrito [por͜eskrito]
schüchtern tímido/-a [timido/-a]
Schüssel la fuente [fuente] 36
Schuh el zapato [θapato] 66, 67
Schuhbänder los cordones de zapato [kordones de θapato] 66
Schuhgeschäft la zapatería [θapateria] 61, 66
Schuld la culpa [kulpa] 79
Schwager/Schwägerin el/la cuñado/-a [kunjado/-a] 13
Schwamm la esponja [esponcha] 61
schwanger embarazada [embaraθada] 73
Schweiz Suiza [suiθa] 13, 80
Schweizer Franken los francos suizos [frankos suiθos] 78
Schweizer/Schweizerin el/la suizo/-a [suiθo/-a] 13
schwer pesado/-a [peßado/-a]
schwer *(schwierig)* difícil [difiθil]
Schwester la hermana [ermana] 13
Schwimmbad la piscina [pisθina] 34, 53
schwimmen nadar [nadar] 53
Schwimmweste el chaleco salvavidas [tschaleko salwawidas] 53
schwindlig mareado/-a [mareado/-a] 72
See el lago [lago] 51
Seeigel el erizo de mar [eriθo de mar] 53
seekrank mareado/-a [mareado/-a] 31, 73
Seide la seda [ßeda] 66
Seife el jabón [chawon] 39, 71
Seite el lado [lado]
Seite *(Buch)* la página [pachina] 80
Sekunde el segundo [segundo] 19

Selbstbedienung el autoservicio [autoserwiθio] 40, 61
Sendung la emisión [emißjon] 80
Senioren la tercera edad [terθera͜eda] 29, 52
Serviette la servilleta [serwiljeta] 43
Sex el sexo [sexo]
Shorts los pantalones cortos [pantalones kortos] 66
sicher seguro/-a [seguro/-a]
Sicherheitsgurt el cinturón de seguridad [θinturon de segurida] 26
Sicherung el fusible [fußiwle] 26
Sicht la vista [bißta] 50
Single soltero/-a [soltero/-a] 14
Situation la situación [situaθjon]
Sitzplatz el asiento [aßjento] 27, 57
Socken los calcetines [kalθetines] 66
Sohn el hijo [icho] 13
Sommer el verano [berano] 18
Sonderangebot la oferta especial [oferta͜espeθjal] 61
Sondertarif la tarifa especial [tarifa͜espeθjal] 31
Sonne el sol [ßol] 20
Sonnenbrille las gafas de sol [gafas de ßol] 70
Sonnenschirm la sombrilla/el parasol [sombrilja/paraßol] 53
Sonntag el domingo [domingo] 18
Spaziergang el paseo [paßeo] 49
Speisekarte la carta [karta] 41, 45
Spezialitäten las especialidades [espeθialidades] 40
Spielzeug el juguete [chugete] 61
Sport el deporte [deporte] 15, 54
Sportplatz el campo de deportes [kampo de deportes] 39
Sprache la lengua [lengua]
Spülmittel el detergente [deterchente] 71
Staat el estado [estado]
Staatsangehörigkeit la nacionalidad [naθjonalida]
Stadt(plan) (el plano de) la ciudad [(plano de) la θiuda] 39, 49
Stadtteil el barrio [barrio] 22
Start la salida [salida] 54
Start *(Flug)* el despegue [despege] 30
steil escarpado [eskarpado]
Stein la piedra [pjedra] 56
Stiefel las botas [botas] 67
Stockwerk el piso [pißo] 32

Stoff la tela [**te**la] 61
Strafe el castigo [ka**sti**go]
Strafe *(Geldstrafe)* la multa
[**mul**ta] 78
Strand la playa [**pla**ja] 32, 53
Straße la calle [**kal**je] 22, 33
Streichhölzer las cerillas [θe**ril**jas] 71
Strom la electricidad
[elektri**θi**da] 36, 39
Strumpfhose los leotardos
[leo**tar**dos] 66
Stück la pieza [**pje**θa] 64
Stuhl la silla [**sil**ja] 32, 40
Stunde la ora [**ora**] 19, 24
Sturm la tempestad [tempe**sta**] 55
suchen buscar [bu**skar**]
Süden el sur [sur] 22
Süßwaren los dulces [**dul**θes] 47
Summe el importe [im**por**te] 40, 61
Supermarkt el supermercado
[supermer**ka**do] 36, 61
Sweatshirt la sudadera [suda**de**ra] 66
Swimmingpool la piscina [pis**θi**na] 53

T

Tabak el tabaco [ta**wa**ko] 70, 71
Tabakladen el estanco [e**stan**ko] 71
Tabletten las pastillas [pa**stil**jas] 77
Tag el día [**dia**] 12, 15
Tampons los tampones [tam**po**nes] 71
Tankstelle la gasolinera
[gaßoli**ne**ra] 24, 25
Tante la tía [**tia**] 13
Tanz el baile [**bai**le] 15
tanzen bailar [bai**lar**] 15, 60
Tasse la taza [**ta**θa] 43
Taxi el taxi [**ta**xi] 28, 35
Teil la parte [**par**te]
Telefax el telefax [tele**fax**] 80
Telefon el teléfono [te**le**fono] 33, 82
Telegramm el telegrama
[tele**gra**ma] 80
Teller el plato [**pla**to] 43
Temperatur la temperatura
[tempera**tu**ra] 20, 73
teuer caro/-a [**ka**ro/-a] 61
Theater el teatro [te**a**tro] 51, 57
Ticket el billete [bi**lje**te] 27, 57
tief profundo/-a [pro**fun**do/-a]
Tier el animal [ani**mal**] 36
Tierarzt el veterinario [beteri**na**rio]
Tisch la mesa [**me**ßa] 40
Tochter la hija [**i**cha] 13

Toilette los aseos [a**ße**os] 31, 83
Toilettenpapier el papel higiénico
[pa**pel** i**chje**niko] 34, 71
Topf la olla [**ol**ja] 36
Tourist/Touristin el/la turista
[tu**ri**sta] 21
träumen soñar [so**njar**]
traurig triste [**tri**ste]
Treppe la escalera [eska**le**ra] 42
treu fiel [fjel]
trinken beber [be**wer**] 15, 40
Trinkgeld la propina [pro**pi**na] 83
Trinkwasser el agua *(f)* potable
[**a**gua po**taw**le] 39
T-Shirt la camiseta [kami**ße**ta] 66
Tür la puerta [**puer**ta] 42
Tunnel el túnel [**tu**nel] 22
Turm la torre [**tor**re] 51
Turnschuhe las zapatillas de deporte
[θapa**til**jas de de**por**te] 54, 66
typisch típico/-a [**ti**piko/-a] 69

U

Übelkeit las náuseas [**nau**ßeas] 75
übernachten pasar la noche
[pa**ßar** la **not**sche] 32
Überraschung la sorpresa [sor**pre**ßa]
übersetzen traducir [tradu**θir**] 78
Ufer la orilla [o**ril**ja] 53, 56
Uhr el reloj [re**loch**] 67, 79
Uhrzeit la hora [**ora**] 17
umbuchen cambiar [kam**bjar**] 30
Umleitung el desvío [de**swio**] 23
umsonst *(gratis)* gratuíto/-a
[gra**tui**to/-a]
Umweltschutz la protección del
medio ambiente [protek**θjon** del
medio‿am**bjen**te] 56
unbekannt desconocido/-a
[deskono**θi**do/-a]
Unfall el accidente [ak**θi**dente] 25, 27
Unglück la desgracia
[des**gra**θia] 25, 53
unglücklich desgraciado/-a
[desgra**θja**do/-a]
ungültig no válido [no **ba**lido] 21, 27
Unkosten los gastos [**ga**stos]
unmöglich imposible [im**po**ßiwle]
unruhig inquieto/-a [in**kje**to/-a]
unschuldig inocente [ino**θen**te] 25, 78
Unterhaltung el divertimiento
[diwertim**jen**to] 57, 59
Unterhemd la camiseta [kami**ße**ta] 66

Unterhose *(Damen)* las bragas [**bra**gas] 67
Unterhose *(Herren)* los calzoncillos [kalθon**θ**iljos] 67
Unterkunft el alojamiento [alocha**mjen**to] 32, 38
Unterschied la diferencia [diferen**θ**ia]
Unterschrift la firma [**fir**ma] 21
Untersuchung el examen [e**xa**men] 72, 78
Unterwäsche la ropa interior [ropa⌣inter**jor**] 67
unverschämt desvergonzado/-a [deswergon**θ**ado/-a]
Urlaub las vacaciones [baka**θjo**nes] 53
Ursache la razón [ra**θon**] 14
Urteil el juicio [**chui**θio]
Urteil *(Gericht)* la sentencia [senten**θ**ia] 78
Urwald la selva [**sel**wa] 56

V

Vater el padre [**pa**dre] 13
Verabredung la cita [**θi**ta] 12
Veranstaltungskalender el calendario de actos [kalen**da**rio de⌣**ak**tos] 49
verbinden *(Medizin)* vendar [ben**dar**] 72
verboten prohibido/-a [proi**wi**do/-a] 23
verdienen ganar [ga**nar**]
verdorben podrido/-a [po**dri**do/-a]
Vergangenheit el pasado [pa**θa**do]
vergessen olvidar [olwi**dar**]
Vergewaltigung la violación [biola**θjon**] 79
verheiratet casado/-a [ka**θa**do/-a] 14
Verhütungsmittel el anticonceptivo [antikon**θep**tiwo] 71
Verkauf la venta [**ben**ta] 61
Verkehr el tráfico [**tra**fiko] 23
verlängern prolongar [prolon**gar**] 21, 32
verletzt herido/-a [e**ri**do/-a] 25
verschieden diferente [dife**ren**te]
versehentlich por descuido [por des**kui**do]
Versicherung el seguro [se**gu**ro] 25, 79
Vertrag el contrato [kon**tra**to]
Verwandter/Verwandte el/la pariente [par**jen**te] 13
verwechseln confundir [konfun**dir**]

Verzeihung! ¡Perdón! [per**don**]
Videokassette la casete de vídeo [ka**ß**ete de **wi**deo] 68
viel mucho/-a [**mu**tscho/-a]
vielleicht tal vez [tal we**θ**]
Visum el visado [bi**ßa**do] 21
Volk el pueblo [**puew**lo]
Volksfest la fiesta popular [**fje**sta popu**lar**] 60
voll lleno/-a [**lje**no/-a]
Vollpension la pensión completa [pen**ßjon** kom**ple**ta] 33
Vormittag la mañana [man**ja**na] 19
Vorort el suburbio [su**wur**wio] 22
Vorspeise el entremés [entre**meß**] 45
Vorstellung el espectáculo [espek**ta**kulo] 12, 57
Vorverkauf la venta anticipada [**ben**ta⌣anti**θi**pada] 59
Vorwahl el prefijo [pre**fi**cho] 82

W

Währung la moneda [mo**ne**da] 77
Wäscherei la lavandería [lawande**ri**a] 67
wahr verdadero [berda**de**ro]
wahrscheinlich probable [pro**wa**wle]
Wald el bosque [**bos**ke] 51
wandern hacer excursiones [a**θer** exkur**ßjo**nes] 56
warm caliente [ka**ljen**te] 20, 40
warten esperar [espe**rar**]
Wartezimmer la sala de espera [**ßa**la de⌣es**pe**ra] 72
waschen lavar [la**war**] 36, 67
Waschmittel el detergente [deter**chen**te] 71
Wasser el agua *(f)* [**a**gua] 36, 39
Watte el algodón [algo**don**] 61
wechseln cambiar [kam**bjar**] 78, 82
Wechselstube el cambio [**kam**bio] 34, 77
Wecker el despertador [desperta**dor**] 67
Weg el camino [ka**mi**no] 22, 56
Wegweiser el indicador de camino [indika**dor** de ka**mi**no] 22
weich blando/-a [**blan**do/-a]
Weihnachten Navidad [nawi**da**] 14, 60
weinen llorar [ljo**rar**]
weiß blanco [**blan**ko] 20
Welle la ola [**o**la] 55
Welt el mundo [**mun**do]

wenig poco/-a [**po**ko/-a]
Werkstatt el taller [ta**ljer**] 25, 27
werktags los días laborables
   [los **dí**as lawo**ra**wles] 18
Weste el chaleco [tscha**le**ko] 67
Westen el oeste [o**es**te] 22
Wetter el tiempo [**tjem**po] 20
Wettervorhersage la previsión del
   tiempo [prewi**ßjon** del **tjem**po] 20
wichtig importante [impor**tan**te]
wiederholen repetir [repe**tir**]
wiederkommen volver [bol**wer**]
wiegen pesar [pe**ßar**] 19
Wildleder el ante [**an**te] 66, 69
Willkommen! ¡Bienvenido(s)!
   [bjenwe**ni**do(s)]
Wind el viento [**bjen**to] 20
Windeln los pañales
   [pan**ja**les] 70, 71
Winter el invierno [in**bjer**no] 18
Wirt el patrón [pa**tron**] 40
Woche la semana [ße**ma**na] 15, 18
wohnen vivir [bi**wir**] 32
Wohnmobil la autocaravana
   [autokara**wa**na] 22, 36
Wohnung el piso [**pi**ßo] 35
Wohnwagen la caravana
   [kara**wa**na] 36, 39
Wolle la lana [**la**na] 66
wollen querer [ke**rer**]
Wort la palabra [pa**la**wra] 80
wünschen desear [deße**ar**]
wütend furioso/-a [fu**rjo**ßo/-a]

Z
Zahl el número [**nu**mero]
zahlen pagar [pa**gar**] 43, 64
Zahlen bitte! ¡La cuenta, por favor!
   [la **kuen**ta por fa**wor**] 43
Zahnarzt el dentista [den**tis**ta] 72, 74
Zahnbürste el cepillo de dientes
   [θe**pi**ljo de **djen**tes] 71
Zahnpasta la pasta dentífrica
   [**pa**sta den**ti**frika] 71
zeigen mostrar [mos**trar**] 49
Zeit el tiempo [**tjem**po] 17
Zeitschrift la revista [re**wis**ta] 70
Zeitung el periódico [per**jo**diko] 61, 64
Zentrum el centro [**θen**tro] 22, 28
zerbrechlich frágil [**fra**chil]
Zeuge/Zeugin el/la testigo
   [tes**ti**go] 27
Ziehen! ¡Tire! [**ti**re]
Ziel la meta [**me**ta] 54
Zigarette el cigarrillo
   [θiga**rri**ljo] 70, 71
Zimmer el cuarto [**kwar**to] 32, 33
Zoll la aduana [a**dua**na] 21, 22
zufrieden contento/-a [kon**ten**to/-a]
Zug el tren [tren] 29, 30
zusammen juntos/-as [**chun**tos/-as]
Zuschlag el suplemento
   [suple**men**to] 27, 29
zuständig responsable [respon**ßa**wle]
Zweifel la duda [**du**da]
Zwischenlandung la escala
   [es**ka**la] 30

Reisewörterbuch
Spanisch–Deutsch

A
abierto geöffnet
a. C. (antes de Cristo) vor Christus
   (v. Chr.)
acceso Zufahrt
¡Adelante! Herein!
aduana Grenze, Zoll
aeropuerto Flughafen

agencia de viajes Reisebüro
agotado ausverkauft
aire acondicionado Klimaanlage
alarma Notbremse
albergue juvenil Jugendherberge
almuerzo Mittagessen
alquiler de bicicletas Fahrradverleih
alquiler de coches Autovermietung

ambulancia Notarztwagen
andén Bahnsteig
aparcamiento (vigilado) (bewachter) Parkplatz
aseos Toiletten
atasco Stau
¡Atención! Achtung!
autopista Autobahn
autoservicio Selbstbedienung
autovía Schnellstraße
AVE (Alta Velocidad Española) spanischer Hochgeschwindigkeitszug
ayuntamiento Rathaus

B
banco Bank
biblioteca Bücherei
bicicleta Fahrrad
¡Bienvenido! Willkommen!
billete Geldschein, Fahrkarte
bomberos Feuerwehr
buzón Briefkasten

C
Caballeros Herrentoilette
caja Kasse
caja de ahorros Sparkasse
caliente warm
calle Straße
callejón sin salida Sackgasse
cambio Geldwechsel
carné de identidad Personalausweis
carnicería Metzgerei
carretera Landstraße
carta Speisekarte
cartas Briefe
¡Ceda el paso! Vorfahrt beachten!
cena Abendessen
centro Zentrum
cepo Parkkralle
cerrado geschlossen
¡Cerrar la puerta! Türe schließen!
comestibles Lebensmittel(geschäft)
Compañía (Cía.) Company (Co.)
consigna Gepäckaufbewahrung
correos Post
corrida (de toros) Stierkampf
Cortes spanisches Parlament
cruce Kreuzung
cuartos Zimmer
¡Cuidado! Vorsicht!
CV (caballo de vapor) Pferdestärke (PS)

D
d. C. (después de Cristo) nach Christus (n. Chr.)
desvío Umleitung
dirección Adresse
disco de estacionamiento Parkscheibe
domingo Sonntag

E
¡Empuje! Drücken!
entrada Eingang, Eintrittskarte
entrada libre Eintritt frei
estación Bahnhof
estado civil Familienstand
estanco Tabakwarenladen
estropeado defekt
expo(sición) Ausstellung
extintor Feuerlöscher

F
festivo Feiertag
fiesta Fest
firma Unterschrift
frío kalt
fuego Feuer
fumadores Raucher

G
gasolina Benzin
giro obligatorio Kreisverkehr
gratuito gratis
grúa Abschleppwagen
Guardia Civil spanische Polizeieinheit

H
hecho a mano handgemacht
Hermanos (Hnos.) Gebrüder

I
iglesia Kirche
impuesto sobre valor añadido (IVA) Mehrwertsteuer
incluído inklusive, inbegriffen
información Auskunft, Information

L
lavabos Toiletten
lavado en seco Reinigung
lavandería Wäscherei
libre frei
librería Buchhandlung
lista de correos postlagernd
llegada Ankunft

M
mayores Erwachsene, Volljährige
miércoles Mittwoch
misa Messe (Kirche)
monedas Münzen, Kleingeld

N
No Fumadores Nichtraucher
noche Nacht

O
ocupado besetzt
oficina de turismo
  Touristeninformation

P
página (pag.) Seite
panadería Bäckerei
parada Haltestelle
paso de peatones Fußgängerübergang
¡Peligro de muerte! Lebensgefahr!
peluquería Friseur
pescadería Fischgeschäft
piscina Schwimmbad
plato del día Tagesgericht
playa Strand
plaza de toros Stierkampfarena
policía Polizei
¡Precaución! Vorsicht!
privado privat (kein Zutritt)
¡Prohibida la entrada! Eintritt
  verboten!
¡Prohibido el paso! Durchgang
  verboten!
¡Prohibido fumar! Rauchen verboten!
ptas. (pesetas) Peseten

R
rebajas Sonderangebote
recepción Rezeption, Anmeldung
reducción Ermäßigung
RENFE (Red Nacional de Ferrocarriles
  Españoles) spanische Eisenbahn-
  gesellschaft
residente en wohnhaft in

retraso Verspätung
RFA (República Federal de Alemania)
  BRD (Bundesrepublik Deutschland)

S
salida de emergencia Notausgang
se alquila zu vermieten
se vende zu verkaufen
sellos Briefmarken
Señoras Damen
sentido único Einbahnstraße
servicio incluído Service inbegriffen
servicios Toiletten
Sociedad Anónima (S. A.)
  Aktiengesellschaft (AG)
sin plomo bleifrei
¡Socorro! Hilfe!
sr. (señor) Herr
sra. (señora) Frau
srta. (señorita) Fräulein
supermercado Supermarkt
suplemento Zuschlag

T
tabacos Tabakwaren
TAV (Tren de Alta Velocidad)
  Hochgeschwindigkeitszug
Telefónica spanische
  Telefongesellschaft
temporada (alta) (Hoch-) Saison
tercera edad Senioren
¡Tire! Ziehen!

U
UE (Unidad Europea) Europäische
  Union (EU)

V
válido gültig
venta anticipada Vorverkauf
verbena Volksfest
vía Bahngleis
visita guiada Führung, Besichtigung
vuelo doméstico Inlandsflug
vuelo internacional Auslandsflug

Bildnachweis

APA Publications: 37. edition Vasco: 25, 32, 77. Pedro G. Garcia/Bildarchiv Steffens: 57
Ulla Georgi: 49. Gerold Jung: 1, 9, 12, 29 (li.), 53, 72. Markus Kirchgessner: 17 (re.), 61
65, 69, 81, Umschlag hinten. Klaus Thiele: 17 (li.), 21, 29 (re.), 40. Jürgen Richter/Look
Umschlag (Bild). Superbild/Bernd Ducke: Umschlag (Flagge).